JN323246

ムリなく話せる

好かれる敬語の使い方

NHK学園講師
山岸弘子＝監修

KKベストセラーズ

まえがき

好かれる敬語をマスターすれば、人生が変わる！

言葉遣いが変わることによって、収入が変わったらどうでしょう。

言葉遣いが変わることによって、出世の仕方が違ったらどうでしょう。

言葉遣いが変わることによって、幸せな毎日が送れたらどうでしょう。

「そんな、たかが言葉で……」と思ったあなた、……もう少し読み進めてください。


あなたより、かわいがられている同僚はいませんか？

あなたより、上司に信頼されている後輩はいませんか？

「私は、敬語を勉強し、人一倍努力しているけど、うまくコミュニケーションがとれない」というあなた、次のようなケースに当てはまっていませんか？

「『案外上手ですね』と上司を褒めたり、『エクセルはおできになりますか』『おわかりいただけましたか』と丁寧に尋ねたりしているのに相手が不快な顔をするんですよ」というあなた、もしかして気づかないうちに上から目線の**何様敬語**を使っているのかもしれません。

「私はみんなと違って、部長に好かれるよう、部長がお読みになられる本はすべて読み、お話しになられることはすべて覚えるようにしているのですが、それが違うと注意されるんです」というあなたが使用しているのは、過剰に敬語を重ねすぎる**二重敬語**です。

「敬う気持ちを持って話せば、敬語なんて簡単ですよ。うちの部長もそうおっしゃっていましたから」というあなた、**ウチソト逆転敬語**ですね。

「丁寧に敬語を話させていただこうとすると、なにかよくわからなくなられまして……」

「一生懸命、敬語を使わさせていただいているのですが、上司にご注意されられるんです」というあなたが使っているのは、**ムダ敬語・勘違い敬語**です。

「私は、性格上、きちんと調べて、内容をはっきり伝えるタイプなので、いい加減な言葉を使いません。しかしなぜか、みんなから敬遠されています。上司からも、あまり話しかけられず、仕事が楽しくありません」というあなたは、**クッション言葉**を活用するとよいかもしれませんね。

「これまでファミレスでバイトリーダーをやっていたんで、言葉遣いのほうは任せてください！」というあなた、それは**バイトマニュアル敬語**です。

これらの言葉を使っているあなたは、今すぐに言葉遣いを変えましょう！

現代社会のビジネスパーソンの一番の悩み、それはコミュニケーションです。企業側もコミュニケーション能力の高い人材を求めています。

なぜならば、組織として活動している以上、人との交わりなくして、仕事は完結しないからです。クオリティーの高い仕事を円滑に進めていくには、「人に好かれる言葉」が必要不可欠なのです。

あなたよりかわいがられている同僚。あなたより上司に信頼されている後輩。彼らは、言葉の使い方があなたより適切だから、あるいは人に好かれる言葉をスマートに使えるからかわいがられ、信頼されているのかもしれません。

言葉遣いを変えるだけで、周りの人に好かれて、幸せな毎日が送れる。そうなったらいいなと思いませんか。

敬語は互いに尊重し合うための魔法のツール！

敬語には、大きく分けて尊敬語、謙譲語、丁寧語の3つに分類されていましたが、文化審議会が平成19年に答申した『敬語の指針』によれば、尊敬語、謙譲語Ⅰ、謙譲語Ⅱ、丁寧語、美化語の5つに分類されています。

若者の中には、年配者にも敬語を使わず、「だって、俺、あの人、尊敬していませんから」と言う人がいますが、その発言自体で、その人の社会人としての評価は下がってしまいます。

敬語には、年齢や経験、能力などを考慮した上で、互いに認め合い、円滑な人間関係を築くという役割があります。

たとえば、店長候補として転職したあなたは、その会社の基本ルールを教えてもらうために、年下の指導者についたとします。年齢はあなたのほうが上ですが、仕事を教えてもらうという立場上、相手を尊敬し、丁寧な言葉を使用します。相手もあなたは新人ですが、年長者として敬い、丁寧な言葉を使う。これが互いに尊敬し合う関係です。

どこに行ってもこの関係が築かれていればよいのですが、十人十色の世の中です。こちらが、謙虚な姿勢で丁寧な言葉を用いても、年下の若者がタメ口で話しかけてくることもあるでしょう。

現代の敬語は、年齢や階級などで、絶対に使用しなければならないという固定化された観念のものではありません。あくまでも「自己表現」です。ですから、あなたが、話し相手に影響され、美しくない言葉を使っていれば、それを聞いている周りの人は、あなたのことも乱暴な人だと思うでしょう。そうなれば、あなたは相手のペースに乗せられて、自分の評価を下げてしまうだけなのです。

敬語を自己表現の一環として捉えると、相手がどうであれ、あなたの誠実な姿勢を言葉で表すことが自分の評価を上げることにつながります。だからこそ、その場にあった美しい敬語、相手を思いやるきれいな言葉選びが大切なのです。

相手を敬うだけではない敬語の3つの役割!

近年では、ノーネクタイの会社も増え、おしゃれなスーツを選ぶ若者も多く、服装の上ではオンとオフの差が小さくなってきている職場もあるようです。そのよう職場では、言葉の使い方を変えることで公私を切り替えることができます。

また言葉には自らの立場や人間関係を第三者に伝える役目もあります。あなたの先輩が、大変丁寧な敬語を用いている相手は、あなたの先輩の目上の人、もしくは先輩が敬意を払っている人だということがわかります。また先輩がくだけた表現を交えながら会話をしている方は、きっと先輩の同僚か、仲のよい友人でしょう。周りの言葉遣いに耳を傾けるだけで、人と人の関係性がわかるはずです。

敬語の働きを知り応用すると、敬語で相手との距離を調節することもできます。親しくなりたい相手には、親しみを感じる優しい敬語を交えたり、距離を置きたい相手には、敬意レベルの高い敬語を使ったりすれば距離の調節ができるのです。

つまり敬語を使いこなすことができれば、相手との距離感を調節し、無理のない人間関係を築いていくことができるようになるのです。

ぜひ、本書を活用し、好かれる敬語をマスターして、今日という日を実りある楽しい一日に変えていきましょう。

目次

第一章

敬語の種類

敬語の種類❶

「尊敬語」

尊敬する人の行為やものごとに用いる言葉

尊敬語は、会社でいえば上司、学校でいえば先生などその人を立てるときに、目上の人の行為やものごと、状態などについて使用する言葉です。

普通語を尊敬語に変換する方法は二つあり、添加形式と別語形式があります。

添加形式は、「……（ら）れる」、「……なさる」、「お（ご）……になる」「お（ご）……くださる」の形で尊敬語をつくります。

たとえば、「読む」は、「読まれる」「お読みになる」などの形に変えることができます。また「来る」は「来られる」と変換できます。

このように「（ら）れる」、「お（ご）……なさる」「お（ご）……になる」などをつけて尊敬語にする形式を添加形式と呼びます。

一方、別語形式は別の言葉に変換する方法です。「言う」は「おっしゃる」、「する」は「なさる」、「食べる」は「召し上がる」、「いる」「行く」「来る」は「いらっしゃる」「おいでになる」など、決まった形をとる尊敬語を別語形式と呼びます。

さらに名詞や一部の形容詞・形容動詞でも、「お名前」「ご住所」「お忙しい」「ご立派」など「お（ご）……名詞・形容詞・形容動詞」で尊敬語にすることができます。

✖NG **田中部長は、お戻りになられましたか？**

OK **田中部長は、お戻りになりましたか？**

正しい尊敬語は、「お（ご）……になる」の形をとりますが、NG例では、「戻る」という動詞一つに、さらに敬語「れる」をつけています。これは二重敬語です。

✖NG **沖原部長、犬は、何匹いらっしゃるんですか？**

OK **沖原部長、犬は、何匹飼っていらっしゃるんですか？**

「いる」の尊敬語、「いらっしゃる」を用いていますが、動物に敬語は使用しません。この場合、飼っているのは、部長ですから、部長の行為を尊敬語に変えましょう。

✖NG **部長が、課長のプレゼンテーションを褒めていましたよ。**

OK **部長が、課長のプレゼンテーションに感心なさっていました。**

「褒める」は、よい言葉ですが、能力をはかった言葉なので、部下が上司に使用する言葉ではありません。他には「がんばる」「えらい」なども目上の人には使用しないようにしましょう。

「謙譲語Ⅰ」

自分を低めて、相手を立てる謙虚な表現

尊敬語は、相手や相手側を高めましたが、謙譲語は自分の立場を低めることによって、相手を立てるという言葉です。その中で謙譲語Ⅰは、高める相手への自分の行為、ものごとに用いるとことで、行為の向かう先の人を高めます。

普通語を謙譲語Ⅰに変換する方法にも添加形式と別語形式があります。

添加形式は、「お（ご）……する」、「お（ご）……申し上げる」、「……ていただく」、「お（ご）……いただく」などがあります。たとえば、「お渡しする」「お待ちする」「ご連絡する」「ご案内する」「待っていただく」「送っていただく」「お待ちいただく」「お送りいただく」などは添加形式の謙譲語Ⅰです。

別語形式としては、「尋ねる、訪ねる、聞く」は「伺う」、「知る」は「存じ上げる」、「見るは「拝見する」などがあります。

「上司にお届けするお手紙」「社外の方へのご報告」といったように、高める相手に渡すものに「お（ご）」をつけるのは謙譲語ですが、「上司からのお手紙」「上司からのご説明」という、上司から受け取るものに「お（ご）」をつけると行為者を高める尊敬語になります。非常に間違えやすいので注意しましょう。

✖ NG 弊社の担当者に伺ってください。

OK 弊社の担当者にお尋ねください。

「伺う」は、謙譲語Ⅰで、「聞く」という行為をする人を低めますので、結果的に自社の担当者を高めています。社外の人の行為を謙譲語Ⅰで表現することは大変失礼です。

✖ NG ご利用できません。

OK ご利用いただけません。

「ご……できる」は、「ご……する」の謙譲語Ⅰなので、目上の人や尊敬する人の行為に用いるのは誤りです。謙譲語は自分を低めるために用いる敬語です。

✖ NG 人事異動の件は、すでにご存じです。

OK 人事異動の件は、すでに存じています。

「存じ」は、「知る」の謙譲語Ⅱで自分の行為に用いますが、NGフレーズの「ご存知」は、尊敬語になります。「ご存知ですか?」と上司に尋ねるのなら◎です。

敬語の種類❸

［謙譲語Ⅱ］

聞き手や読み手に敬意を払う言葉

謙譲語Ⅱは、謙譲語Ⅰと同じように、自分自身の行動や所有物などに用いて、自らの立場を低め、聞き手や読み手を高めるという効果があります。敬意の対象が、文章の読み手や話の聞き手になります。ですから話の中の目的語や対象となる人物の地位は関係ありません。

たとえば、謙譲語Ⅰの「伺う」という言葉を用いて、「部長のお宅に伺います」とは言えても、「娘のところに伺います」とは言えませんが、謙譲語Ⅱの動詞「参る」を用いて「部長のお宅に参ります」や「娘のところに参ります」と言うことはできます。なぜなら、後者は、娘に対してへりくだっているのではなく、その行為を伝えている相手、つまり聞き手に対して敬意を払っているからです。話し相手に対して、敬意を払う言葉、これが謙譲語Ⅱなのです。そのため謙譲語Ⅱは、丁重語ともいわれ、丁寧語の「です・ます・ございます」とともに用いられることがほとんどです。別語形式としては、「行く、来る」は「参る」、「言う」は「申す」、

「知る、思う」は「存じる」などがあります。名詞では「当社」は「小社、弊社」、「著作物」は「拙著」などがあります。

　また向かう相手と話し相手、両方に対して丁重に表す、謙譲語Ⅰ、Ⅱの両方の働きを併せ持つ謙譲語もあります。

✖ NG　杉浦専務はすぐにいらっしゃいますので、こちらでお待ちください。

OK　杉浦はすぐに参りますので、こちらにお掛けになってお待ちください。

「参る」は、「来る」の謙譲語です。上司のお客様を応接室に通したあとの言葉ですが、NGフレーズは尊敬語を用いています。身内の行動には謙譲語を使用して、相手を高めましょう。

✖ NG　わが社は、新しい事業に取り組んでいます。

OK　弊社は、新しい事業に取り組んでおります。

「わが社」と「弊社」は同じ意味ですが、インパクトが異なります。弊社とは、へりくだった表現で、わが社という言い方は、高めるべき相手の前で使う言葉ではないので、公の場では使用を控えましょう。

✖ NG　会場の手配は、私がやります。

OK　会場の手配は、私がいたします。

「いたす」は、「する」の謙譲語Ⅱで、自分の行動に使用します。「やる」という言葉は、くだけた口語なので、ビジネスシーンでは、あまり使用しないほうが無難でしょう。

敬語の種類❹

「丁寧語」

尊敬語や謙譲語と併せ用いると、より活きる言葉

丁寧語が、尊敬語や謙譲語と同様に敬語の中に含まれることについて、驚く方もいらっしゃると思います。尊敬語や謙譲語と比べると、より身近で、普段から意識することなく使用しているという方も少なくないでしょう。

基本的に丁寧語には、「です」「ます」「ございます」の3つがあり、語尾を変えることによって、話し相手に敬意を払うのです。「です」「ます」は、文章においても丁寧な表現方法「ですます調（敬体）」として知られています。「ございます」は3つの中でも一番丁寧な言い方です。用法は、「そう」を「そうです」、「私はそう思う」を「私はそう思います」、「おめでとう」を「おめでとうございます」と変換するだけです。

さらに、「うれしい」「高い」「おいしい」などは、「うれしゅうございます」「たこうございます」「おいしゅうございます」と言い換えることができます。このような言葉を使うことができ

ると一目置かれます。
　また丁寧語は、尊敬語や謙譲語と併せて用いられます。「企画書の内容って、ご覧になったか」と尊敬語だけで言い換えるのは不自然です。丁寧語を加えて「企画書の内容をご覧になりましたか」と言うと、自然で丁寧な言葉遣いになります。

✖NG　佐野課長、社長賞、おめでとう。

OK　**佐野課長、社長賞、**
おめでとうございます。

「おめでとう」だけでは、目上の人には、失礼になります。せっかくめでたいことがあり、お祝い気分で言葉をかけても、気分を害されては元も子もありません。丁寧に伝えましょう。

✖NG　こっちのちっちゃい会議室で
打ち合わせするって、マジっすか？

OK　**こちらの小さな会議室で**
打ち合わせするというのは
本当ですか?

「マジ」をビジネスシーンで使うと違和感を与えます。そして「ですか」を「っすか?」と雑に発語すると丁寧語として伝わりません。

✖NG　あざっす。

OK　**ありがとうございます。**

普通語を略して作られた若者言葉は多く、ゆっくり丁寧に言い直すと丁寧語になる言葉もあります。ビジネスパーソンとして第一歩を踏み出すには、まずは丁寧語からマスターしましょう。

敬語の種類❺

「美化語」

身の回りのものを美化して述べる、きれいな言葉

文化審議会が平成19年に答申した『敬語の指針』によれば、美化語とは、「ものごとを、美化して述べるもの」と説明されています。

美化語には、「お金」「ご祝儀」「おみやげ」「お年玉」など、たくさんの言葉があります。そして「お米」「お味噌」「お酒」「お水」「お醤油」「お箸」「お椀」「お茶」など食事に関する言葉が多いのも特徴かもしれません。「ご」のつく言葉はごくわずかで、ほとんどの言葉に「お」がつきます。

言葉は、使う人や使うシチュエーションによって、さまざまに使い分けられていますが、美化語も例外ではありません。「お」「ご」をつけるかつけないかは、個人差や男女差、地域差があります。使い方のコツの一つは、自分の作り出したいイメージに合わせて言葉を選ぶことです。女性であれば「お」をつけたほうが自然な言葉があります。あるべき「お」がないと相手に違和感を与えてしまいます。

たとえば、きれいに身だしなみを整えた女性が、「米、食いてぇ」「あー財布に金がねぇ」などと言うと、外見と言葉遣いのギャップに周りは驚いてしまいます。プライベートな場面で「米」と言うのか「お米」と言うのか、「金」と言うのか「お金」と言うのかは個人の意思で選ぶものですが、選んだ言葉により相手に与える印象が大きく変化します。

NG　おワインを飲みますか？

OK　ワインを召し上がりますか？

「おワイン」という言葉は、美化語として認知されていないので「お」をつけずに「飲む」を「召し上がる」と表現し、相手に丁寧な印象を与えましょう。

NG　食事をいただきました。

OK　お食事をいただきました。

「食事」でも悪くはないでしょう。しかし、「お」をつけることで、よりエレガントなイメージを与えるかもしれません。「ご飯」「お茶」「お酒」など飲食に関する言葉の美化語は数多くあります。

NG　いや〜、退院することができました。

OK　おかげさまで、
無事退院することができました。

江戸時代から使われていたという「おかげさま」は、「御陰様」と書き、感謝の気持ちを表す言葉です。高める対象がなくても使用でき、挨拶の言葉としても使われます。

敬語とともに用いることで、より直接的・強制的な表現を避け、丁寧でへりくだった印象を与える

クッション言葉

依頼や断り、反対意見を述べるなど、相手に負担をかける内容を伝えなければならないとき、この言葉は会話のクッション役をします。たとえば、お願いをするときは「ご迷惑をおかけしますが」、反論を述べるときは「確かにおっしゃる通りだと思いますが」、断るときは「せっかくではございますが」など、バリエーションも豊富にあります。

✖NG 連絡先を教えてください。

OK 差《さ》し支《つか》えなければ、ご連絡先を教えていただけませんか。

連絡先は、重要な個人情報です。突然、不躾（ぶしつけ）に聞かれても教える気にはなれないでしょう。だからこそ謙虚なクッション言葉を活用し、相手の心を開くように尋ねてみましょう。

✖NG 辞退します。

OK 身にあまるお言葉ですが、今回は辞退させていただきます。

大役を任されるも、受けたくないとき「辞退します」という一言では、かどが立ちます。だからこそ相手の気持ちに感謝のクッション言葉で応え、自分の気持ちはしっかりと伝えます。

間違い敬語の種類

1　二重敬語

丁寧な言葉遣いで接しようと思えば思うほど、陥ってしまう二重敬語という罠。「社長がお話しになられる」や「お読みになられる」などは、「お……になる」という尊敬語＋尊敬語「れる」と一つの動詞に二つの尊敬語を重ねてしまう二重敬語です。しかし、「お見えになる」「お伺いする」「お召し上がりになる」など許容された二重敬語もあります。

✖NG
課長が日報を書けとおっしゃられていました。

OK
課長が日報を書くようにとおっしゃっていました。

「おっしゃる」は、それだけで「言う」の尊敬語です。その尊敬語に「れる」という敬語を重ねた、よくある間違いです。言葉を足すだけではなく、もう少しシンプルに考えてみましょう。

✖NG
ご注文をお承《うけたまわ》りしました。

OK
ご注文を承りました。

「承る」は、目上の人からの言葉を聞いたり、目上の人からの命令や依頼を引き受けたり、承認したりするときに使う謙譲語です。「承る」に「お」をつける必要はありません。「お受けいたしました」でもOKです。

2 ウチソト逆転敬語

取引先との商談に、上司が手の放せない仕事で遅れることになり、「すみません、弊社の課長が、遅れていらっしゃるそうです」と言うと、その時点で商談は終了するかもしれません。会社の中では、目上の立場の人の言動でも社外の人に話すときは上司の言動は謙譲語で表します。社外の人と話すときは、身内の言動は尊敬語で表現しないという決まりを忘れず、年齢、キャリアではなく社内と社外で言葉遣いを変えましょう。

NG 弊社の部長がおっしゃっていました。

OK 弊社の部長が申しておりました。

取引先や数社が集まる会議など社外の人の前で、自分の部長の行為を尊敬語で表してはいけません。自分の行為を表現するときと同じ謙譲語を使用しましょう。

NG 弊社の担当者から伺っています。

OK 弊社の担当者から聞いております。

「伺う」は、謙譲語ですが、このNG例の場合、話の中の担当者を高め、話し相手を高めているわけではありません。「……おります」は、話し相手に敬意を払っているので◎。

間違い敬語の種類

3 — 何様敬語

目上の人に対して、「エクセルはおできになりますか」と質問したり、「おわかりいただけましたか」と質問したりするのは、目上の人の能力を試しているような印象を与えます。本人は丁寧に話しているつもりでも、相手に失礼な印象を与えてしまうかもしれません。言葉の意味をよく理解して、誤解されないように気をつけましょう。

✖ NG

部長のお話、大変参考になりました。

OK

部長のお話、大変勉強になりました。

「参考になる」は、判断材料の一つにするという意味があります。目上の人の言葉を材料の一つにするのではなく、相手の言葉から勉強させていただいたという感謝の気持ちを表現しましょう。

✖ NG

ご苦労様でした。

OK

お疲れ様でございました。

両方、相手をねぎらう言葉として使われていますが、「ご苦労様」は目上の人から目下の人へ使う言葉だとして嫌う人もいます。現在は「お疲れ様でございました」という言葉が多く使われています。

4 勘違い敬語

一般社会の中で、当たり前のように使われていても、適切ではない表現は少なくありません。
「やらさせていただきました」のように、本来不要な「さ」を入れた「さ入れ言葉」、また「卒業させていただきました」「家を建てさせていただきまして」など、「させていただく」を多用する様子は、「させていただきます」症候群と呼ばれることもあります。

NG 部長の阿部は、お休みをいただいております。

OK 部長の阿部は、休みをとっております。

取引先からの電話での会話です。取引先からお休みをもらっているわけではないので、「もらう」の謙譲語「いただく」は用いません。ストレートに「休んでいる」と伝えましょう。

NG お名前いただけますか?

OK お名前を教えていただけますか?

「お名前いただけますか?」は「お名前を教えていただけますか?」や「お聞かせいただけますか」の「教えて」や「お聞かせ」を省いた表現です。「名刺をいただけますか?」と混同しているとも考えられます。

5 ムダ敬語

尊敬語は、高める相手の行動やその所有物に用いたりしますが、「電車が到着なさいました」「雨は降っていらっしゃいませんか？」「村上様のお宅でいらっしゃいますか？」など、単なる「もの」には使用しません。高める対象を明確にしなければ、尊敬語が適切なのか、謙譲語Ⅰ、Ⅱがよいのか、わからずムダな敬語を用いてしまうことになりますので、要注意です。

✖NG 車が到着なさいました。

OK **車が到着いたしました。**

ただの車に「する」の尊敬語の「なさる」は使用しませんが、これが社長の車であれば、高める相手の所有物ということで、問題ないでしょう。「いたす」は聞き手を高める謙譲語なのでOKです。

✖NG 化粧水を丁寧につけてあげてください。

OK **化粧水を丁寧におつけください。**

「あげる」は、「やる」の謙譲語です。NG例はお客様を低め、お客様の肌を高める表現です。お客様が購入した服に対して「大事に着てあげてください」と言うのも同様にお客様を低め、服を高める表現です。

6　バイトマニュアル敬語

アルバイトのマニュアルに書かれていても、それがビジネスシーンで使えるとは限らないのです。もっと言えば、そのマニュアルをマスターしたがために、注意されるかもしれません。コンビニや飲食店などでよく耳にする「お弁当のほう、あっためましょうか」「会計はご一緒という形でよろしいでしょうか」といった表現は、職場では好まれない表現だと思ってください。

✖NG　ご注文の品はおそろいになりましたでしょうか？

OK　**ご注文の品はそろっておりますでしょうか？**

「お……になる」は、尊敬語です。「おそろいになる」は、「ご注文の品」を高めてしまうので×。「おそろいになる」は、「みなさまおそろいでしょうか」のように使います。

✖NG　1万円からお預かりいたします。

OK　**1万円をお預かりいたします。**

会計として受け取った金額が1万円であれば、そのまま「1万円を……」と表現しましょう。「〇円から預かる」は違和感を覚える人が多い言葉です。

7 若者言葉

いつの時代もトレンドをつくるのは若者。新しい言葉を生み出す力は賞賛に値しますが、社会人の言葉を身につける必要もあります。年齢、性別、環境も異なる人が一緒にビジネスをするのですから、明確に伝わる言葉、好感をを与える言葉を選びましょう。明確にするべき部分は、「……ぽい」「ヤバい」などあいまいな表現を避け、相手に伝わる言葉を用いましょう。

✖NG **私的には、問題ないです。**

OK **私といたしましては問題ありません。**

「私的」という表現は、あいまいというより、逃げ道をつくっているように思えます。私見を述べるのであれば、「私見ですが」としっかり責任ある言葉を使用しましょう。

✖NG **ぶっちゃけ、微妙ですね。**

OK **正直に申し上げますと、非常に厳しい状況です。**

「ぶっちゃけ」という言葉を用いるのは、ビジネスパーソンとして失格です。また「微妙」という表現は、「ヤバい」と同じくらいさまざまな解釈ができますので、使用は避けましょう。

第二章

上司との会話

〈上司に好かれる言葉〉

報告をするとき

会議の報告をするとき

✖NG 昨日の営業会議の報告がしたいんですけど……。

OK **昨日の営業会議のご報告があります。**

×何様敬語

相手の様子を見て、忙しそうなときは極力声をかけないようにしましょう。「お時間をいただきたいのですが」というクッション言葉を用いると、配慮が伝わります。

順調に進んでいる案件の進捗状況を聞かれたとき

✖NG ちょっと、マズいっすね。

OK **順調に進んでおります。**

×何様敬語

目上の人に報告するときは、「……しております」と謙譲語を使います。敬語以前にビジネスシーンで、「マズいっす」などの若者言葉は使用しないようにしましょう。

※ＯＫ例の下の間違い敬語の種類の表記についてですが、複数ある場合、間違いの要素が強いものを優先的に表記しています。

うまく進んでいない案件の進捗状況を聞かれたとき

OK
申しわけありません。立て込んでおりまして、思ったように進んでいません。

NG
危ないかもしれません。

×若者言葉

うまく進んでいないときは、はじめに「申しわけございません」と素直に謝り、状況を正確に伝えます。聞かれる前に報告すべきなので、報告が遅れたことも謝罪します。

仕事状況の報告を催促されたとき

OK
ご報告が遅れ申しわけありません。

NG
ごめんなさい、今話そうかと思ってたんですが。

×若者言葉

お兄さんのような優しい上司だからといっても、家族間で使用するような言葉遣いはNGです。より丁寧に「申しわけございません」を用いたほうがよいでしょう。

上司から経過を聞かれたとき

OK
課長、作業が終わりました。

NG
課長、一応作業が終わりました。

×若者言葉

「一応」とは、「十分ではないが、ひととおり。大略」というような意味があり、あいまいなニュアンスを持っています。報告のときには使用しないようにしましょう。

商談が失敗したとき

OK 残念ながら、今回は取引できないとのお返事でした。

NG すみません、あの件、ダメでした。

×若者言葉

商談や取引先とのやりとりは、会社にとっても重要な情報です。簡単な物言いでは、ビジネスマンとして失格です。成否は明確に伝えましょう。

部長の話の内容を課長からすでに聞いていたとき

OK その件は、すでに課長よりお聞きしております。

NG その件は、課長がご説明してくださいました。

×何様敬語

あなたにとって、部長も課長も目上になりますので、両方に敬語を用います。「ご説明する」は、謙譲語になるので課長の行動には使用しません。

社長が喜ぶことを課長に伝えるとき

OK 社長にも喜んでいただけると存じます。

NG 社長が喜ぶでしょう。

×何様敬語

「存じる」は、「思います」の謙譲語です。「思う」という行為は、尊敬する人ではなく、自分自身なのでへりくだった動詞の謙譲語を使用します。

納品ミスを報告するとき

OK 申しわけございません、ご注文と違う商品を納品してしまいました。

NG 間違えて、違う商品を送ってしまいました。

×何様敬語

まず、お詫びします。その際は、丁寧な言葉を選びます。「送ってしまいました」ではなく、「納品」と社内で使っているビジネス用語を使用しましょう。

納品が期日に間に合いそうにないとき

OK 田中さん、A社からの納品が期日までに間に合いそうにありません。

NG 田中さん、A社からの商品が間に合わないっぽいです。

×若者言葉

納期が間に合わないという事実関係の報告のあとに、対応策まで提示できると◎です。もし対策がない場合は、自分から上司の指示を仰ぐようにしましょう。

スケジュールを調整するとき

OK 宇野部長、先方は24日の15時を希望していらっしゃいますが、ご都合はいかがでしょうか？

NG 宇野部長、先方は24日の15時がいいと言っていますが、どうでしょうか？

×何様敬語

上司とあなたの二人だけの会話であっても、取引先への敬意を忘れてはいけません。スケジュールを伺うときは、尊敬語の「ご都合」を用いましょう。

電話があったことを伝えるとき

NG

部長に、ちょっと前、電話がありましたよ。

OK

部長、A社の田中さんから2時間ほど前にお電話がございました。

×何様敬語

電話があったときの報告は、相手の社名、名前、受けた時間、用件、折り返し電話が必要であれば、相手先の電話番号をメモして伝えましょう。

相手がかけ直すと言ったことを伝えるとき

NG

夕方くらいに、電話をくれると申していました。

OK

本日18時に、改めてお電話くださるとのことです。

×何様敬語

「申す」は、自分側の「言う」という行為を表すときに用いる謙譲語です。ビジネスにおいては、時間は非常に重要です。折り返し時間もなるべく、ピンポイントで報告しましょう。

電話の相手から言伝《ことづて》をもらっていたとき

NG

あの、さっきB社の田中部長から電話があって、……と言っていました。

OK

B社の田中部長から先程ご連絡があり、……と言付《ことづ》かっております。

×何様敬語

「言付かる」とは、「伝言を人から頼まれる」ことを言います。「あの」「えーと」などの言葉を使わず、しっかりと頭の中でまとめて話しはじめましょう。

来客があったことを伝えるとき

OK

A社の佐藤部長が1時間前に、ご挨拶にお見えになりました。

NG

A社の佐藤部長が来てました。

×何様敬語

「来る」の尊敬語「お見えになる」の他に「いらっしゃる」を用いてもよいです。会社名、相手の名前、役職に加え、来社時間も忘れずに伝えましょう。

上司への来客があったとき

OK

お客様がおいでになりました。

NG

お客様がおいでになられました。

×二重敬語

「おいでになる」は、「来る」の尊敬語です。これだけで十分なのに、尊敬語の「れる」を過剰に用いた二重敬語になっています。過不足ない表現をしましょう。

仕事の結果を報告するとき

OK

……の件は、滞《とどこお》りなく進んでおります。

NG

例の件なんですけど、うまくいってますよ。

×何様敬語

「例の件では…」だと、複数の案件を同時に進行させている上司は、勘違いしてしまうかもしれません。あなたはわかるだろうと思っても、案件名は、はっきり伝えましょう。

時間がないことを伝えるとき

OK

本日は時間がございませんので、

NG

今日はもう時間がないので、

×何様敬語

「ない」を丁寧に表現し、「ございません」を用います。「本日は時間がありませんので」よりも丁寧な表現です。「ございません」は、「ありません」の丁寧な形でもあります。

何件かまとめて報告をするとき

OK

ご報告したいことが5件あります。

NG

たくさんあるんですけど大丈夫ですか。

×何様敬語

「たくさん」という抽象的な表現は、細かい情報を必要とする報告には向きません。まず、案件数を述べてから、順序よく内容を伝えましょう。

重要な情報を伝えるとき

OK

……さん、お耳に入れておきたい情報がございまして、

NG

ちょっとヤバい情報があるんですが、

×若者言葉

「ヤバい」は、ビジネスシーンにはふさわしくありません。重要な情報なので、高める相手の名前を述べたあと、「知らせる」の謙譲語「お耳に入れる」を用います。

すでに情報は流れているが伝えなければならないとき

OK すでにお聞きおよびとは存じますが。

×NG もう知っているとは思いますが。

×何様敬語

「聞きおよぶ」とは、「人づてに聞いて知っている」の意味です。「すでにお聞きおよびでしょうが」「お聞きおよびのことと存じますが」などを使います。

身内の急病で仕事を休むとき

OK 私《わたくし》事《ごと》で恐縮ですが、妻が急病のため休みをいただけませんでしょうか。

×NG 妻が倒れたので休みます。

×何様敬語

仕事は公の場ですが、家庭のことは私的なことです。公の場に私的な事情を持ち込むことを詫び、さらにクッション言葉を用いて、お伺いを立てましょう。

体調を崩し早退をするとき

OK 申し訳ありませんが、体調が思わしくないので早退させていただけませんか。

×NG 体調が悪いので早退します。

×何様敬語

「相手にすまない気持ち」を表すクッション言葉を用いて、自分がしたい行動のお伺いを立てます。自分自身で決めた結果を報告するというのは、NGです。

急用ができて早退をするとき

NG

用事ができたんで、早退させてください。

OK

○○という急用ができてしまいましたので、早退してもよろしいですか。

×何様敬語

私的な用は、なかなか言いたくないかもしれませんが、会社という組織の一員として行動をとるため、早退するときはその理由を伝えましょう。

〈上司に好かれる言葉〉

連絡をするとき

上司宛の伝言を伝えるとき

NG さっき打ち合わせ日を変えてくれって電話がありました。

OK **先ほど打ち合わせ日時の変更依頼がありました。**

×何様敬語

「くれって……」など雑に話をしないことです。上司が忙しそうにしていれば、「お忙しいところすみません」などとクッション言葉を用いるのもよいでしょう。

電車遅延で会社に遅れたとき

NG 電車が遅れちゃって。

OK **電車が遅れていたため、遅刻いたしました。**

×何様敬語

OK例のあと、謝罪の言葉を用いましょう。電車やバスなどの遅延は不可避ですが、社会人としてはそれを見越しての行動も必要かもしれませんね。

企画内容を確認するとき

OK

鈴木部長、こちらの内容で、よろしいでしょうか？

NG

おわかりになりますでしょうか？

×何様敬語

普通語を敬語へ変換する、しないという選択の前に、「わかる」「理解する」といった相手の能力をはかるような動詞を目上の人に使うこと自体がNGです。

会社に戻らず帰宅をするとき

OK

遅くなりましたので、社に寄らずに帰宅してもよろしいですか。

NG

もう遅いんで、このまま帰ります。

×何様敬語

自己判断をせず、直接帰宅してもよいかどうかを必ず上司にお伺いを立てましょう。遅くなることが予想できるときは、社を出る前に許可を得ます。

連絡先を伝えるとき

OK

なにかありましたら、携帯電話に連絡していただけますか？

NG

なにかあったら携帯のほうに電話もらえますか？

×バイトマニュアル敬語

バイトマニュアル言葉の「ほう」は、使用禁止。「もらう」は謙譲語の「いただく」に変換しましょう。「なにかございましたら」を用いると、より丁寧です。

来客があったとき

OK お客様がお見えになりました。

NG お客様がお見えになられました。

×二重敬語

「見える」は、「来る」の尊敬語としても使われます。NG例は、「見える」を「お見えになる」と敬語化し、さらに「お見えになられる」と敬語化しています。

取引先と待ち合わせをするとき

OK 駅前でお待ちいたします。

NG 駅で待っていますね。

×何様敬語

よく使われる「お……いたす」は、謙譲語Ⅰと謙譲語Ⅱを使った敬語です。相手との親密度にもよりますが、社外の人には、より丁寧な敬語を使いましょう。

上司より先に出るとき

OK お先に行かせていただきます。

NG お先に行かさせていただきます。

×ムダ敬語

不要な「さ」が入った「さ入れ言葉」です。「行く」「読む」「歌う」などの五段活用の動詞には、「させていただきます」がつきます。「さ」は不要です。

社長の言葉を課長に伝えるとき

NG

社長が、資料を早く出せとおっしゃっていました。

OK

社長が、資料を早く提出してほしいとおっしゃっていました。

×勘違い敬語

社長にとっては、部下に当たる課長ですが、あなたにとっては二人とも上司なので、二人に敬語を使用します。社長の口調は、きちんとした言葉に変換しましょう。

探している人を見つけたとき

NG

部長は、あっちにいます。

OK

部長は、あちらにいらっしゃいます。

×何様敬語

「あっち」を丁寧な表現で言うと「あちら」です。同じように「こっち」「そっち」などの表現がありますが、いずれもフォーマルな言い方に変換しましょう。

上司のところへお客様を連れて行ったとき

NG

……様をお連れしました。

OK

……様をご案内いたしました。

×勘違い敬語

「案内する」というニュアンスを上司に伝えます。NG例は、お客様ではなく、その報告相手に対して敬意を払っていることになるので注意してください。

相手が案内してくれると言ったとき

OK

館内をご案内くださるそうです。

✖NG

館内をご案内してくださるそうです。

✖勘違い敬語

「ご……してくださる」は、その行為をする人を低める言葉です。NG例の「して」をとり、「ご案内くださる」とすると正しい敬語になります。

乗車できないことを伝えるとき

OK

ご乗車いただけません。

✖NG

ご乗車できません。

✖勘違い敬語

「ご……できる」は、謙譲語「ご……する」の可能形ですので、「ご乗車できません」という表現を高める人に用いるのは間違いです。間違えやすいので、注意してください。

〈上司に好かれる言葉〉

相談をするとき

相談する時間をもらうとき

OK **今、少しよろしいでしょうか？**

NG 今、いいですか？（いきなり本題に入る）それで……、

×何様敬語

余裕がないとき、唐突に本題に入りがちですが、相手が上司ではなくても、相手の状況や気持ちに配慮し、許可を得てから話す習慣にしましょう。

相談を切り出すとき

OK **ご相談があるのですが……。**

NG あの～、ちょっと相談っていうか……。

×若者言葉

これから自分の相談のために上司の時間をいただくのです。「あの～」「ていうか」と歯切れの悪い話し方はやめましょう。相談内容をあらかじめまとめておきましょう。

込み入った相談を持ちかけるとき

✖NG 面倒な話があるんですよね……、

OK 恐れ入りますが、
少し込み入ったご相談があるのですが……、

×何様敬語

「面倒」「煩(わずら)わしい」「ごたごたした」などのあまりに主観的過ぎる表現は避けましょう。「込み入った」と言えば、複雑な事情だということは伝わるでしょう。

相談後、お礼を言うとき

✖NG すごく参考になりました。

OK 大変勉強になりました。早速……いたします。

×何様敬語

「参考になった」では、相談に乗ってくれた相手に対して失礼です。貴重な時間を割いていただいたことに感謝し、すぐに行動に移すことを伝えましょう。

直属の上司に質問をするとき

✖NG すいません、ちょっといいですか。

OK 渡辺部長、お忙しいところすみませんが、
教えていただきたいことがございます。

×何様敬語

親しい直属の上司だとしても、「親しき仲にも礼儀あり」です。あくまで仕事の上司で、友達ではありませんので、きちんとした言葉を使いましょう。

急ぎの確認があるとき

OK
申しわけありません、こちらを先に確認したいのですが……。

NG
すいません、これを先に確認したいんですけど……、

×何様敬語

仕事で忙しいのは、あなただけではありません。急な仕事を依頼するときは、普段より丁寧な言葉を用いて、謙虚な態度で臨みましょう。

確認したいことがあるとき

OK
須田さん、少々お伺いしたいのですが……。

NG
ちょっと聞きたいんですが……。

×何様敬語

「伺う」は、尊敬する人の様子を窺（うかが）い見るところから、生まれました。「聞く」以外にも、「尋ねる」「訪れる」の謙譲語として使われます。

忙しいのであとにしてくれと言われたとき

OK
何時頃ならご都合がよろしいですか？

NG
何時だったらいけますか？

×何様敬語

相手の状況を見ながら声をかけるタイミングをはかります。「よろしい」は「よい」の丁寧な言い方ですが、さらに丁寧に言うときは「よろしいでしょうか」を使います。

質問内容を確認するとき

NG
……と考えればいいんですか？

OK
……と考えてよろしいでしょうか？

×何様敬語

「よろしいでしょうか」は、許可を求める敬語で、「よろしいですか」よりも丁寧な言葉です。相手や状況に合わせて適切な言葉を使用しましょう。

さらに詳しく聞きたいとき

OK
もう少し詳しいご説明をいただきたいのですが、

NG
それではよくわからないのですが、

×何様敬語

「わからない」という現状をそのまま伝えるのではなく、一歩先に発想を進めて、「もう少し説明してもらえば、わかるかも……」と考えましょう。

指示の内容でわからないことがあったとき

OK
どのようにしたらよいでしょうか？

NG
ここ、どうします？

×何様敬語

「します？」と語尾を上げるだけで疑問形にする人がいます。ビジネス上で質問をするときは、しっかりと「か」をつけ、「しますか？」と最後まで言い切りましょう。

相談しようとしたら
時間がないと言われたとき

OK

いつ頃でしたらよろしいでしょうか？

×NG

いつならいいんですか？

×何様敬語

「……なら」と、このような物の言い方では、一人前のビジネスパーソンとして認めてもらうのは難しいでしょう。ある程度、日程の幅を持たせた聞き方をすると相手も答えやすくなります。

聞きたいことがあるとき

OK

少々伺いたいことがありまして、お時間をいただけますか？

×NG

ちょっと聞きたいことがあるんで、時間ください。

×何様敬語

友達同士のような言い方はNG。「ちょっと」は、「少々」に変換します。「聞く」は、謙譲語「伺う」に変換しましょう。「もらう」の謙譲語「いただく」を使用してへりくだります。

質問・確認をするとき

対処法を尋ねるとき

NG どうしますか？

OK **いかがいたしましょうか？**

×何様敬語

自分が行為することには「いかがいたしましょうか」と謙譲語を用いて尋ねますが、相手の行動を尋ねるときは、「いかがなさいますか」と尊敬語を用いて尋ねます。

確認してもらうとき1

NG おわかりにくいですか？

OK **おわかりになりにくいですか？**

×勘違い敬語

「おわかりにくい」は、間違い敬語の一つです。「おわかりになりにくい」が正しい表現です。自分の説明が足りなかったときは、謙虚に「説明不足をお詫びします」と言いましょう。

確認してもらうとき2

OK
ご確認ください。

NG
ご確認してくださいますようお願い申し上げます。

×勘違い敬語

「ご確認する」は、「ご…する」という謙譲語なので、目上の人の行為には使えません。「確認してください」の尊敬表現は、「ご確認ください」です。

知っているかどうかを確認するとき

OK
北島課長は、ご存じでしょうか？

NG
北島課長は、知っていますか？

×何様敬語

「知っていますか」を尊敬語で表現すると「ご存知ですか」となります。社外の人や社内の上司には、「ご存知でいらっしゃいますか」とよりレベルの高い尊敬語を用いましょう。

利用しているのかを確認するとき

OK
部長は、この店をよくご利用なさるのですか？

NG
部長は、この店をよくご利用されるんですか？

×勘違い敬語

「ご利用される」という言葉は、規範的には「ご利用する+れる」と解釈され、謙譲語＋尊敬語の組み合わせの間違い敬語になります。正しい敬語とはいえませんので注意しましょう。

最終確認をするとき

OK 念のために、お尋ねしたいのですが、

NG もう一回だけ、確認したいのですが、

×何様敬語

再度確認するときに、一言「念のために」を添えましょう。「お尋ねする」は、謙譲語で、自分を低め、尋ねる相手を高めます。ちなみに「お尋ねになる」は、尊敬語です。

考えを聞きたいとき

OK 小林課長はどのように思われてますか？

NG ……課長はどう思ってますか？

×何様敬語

上司や目上の人の気持ちを聞くには、「思う」の尊敬語の「思われる」を用います。さらに「どのようにお思いになりますか？」という表現のほうが丁寧です。

企画書を見てくれたかどうかを確認するとき

OK 先日提出した企画書、もう目を通していただけましたでしょうか？

NG 先日提出した企画書はどうなっていますか？

×何様敬語

企画書は、見てもらって当たり前という気持ちで提出するのではなく、「見てください」とお願いする気持ちで提出します。その確認も謙虚な姿勢でしましょう。

帰社時間を確認するとき

OK 何時頃、お戻りになりますか？

NG いつ、お帰りになられますか？

×二重敬語

「帰る」という一つの動詞を「お……になる」＋「れる」で二重に敬語化した二重敬語になります。また、「いつ」ではなく、「何時頃」を用いましょう。

持っていくかどうかの確認をするとき

OK 資料をお持ちになりますか？

NG 資料をお持ちしますか？

×勘違い敬語

上司が、自身で資料を持っていくのかどうかを確認したいときに、謙譲語の「お持ちする」を用いると、相手は、持ってきてくれるのかと誤解をするので避けましょう。

上司の出張の日を確認するとき

OK いつご出発になるのですか？

NG いつご出発するのですか？

×勘違い敬語

「ご……する」は謙譲語です。目上の人や、高めるべき人の行動に謙譲語は使用しません。「出発なさる」「ご出発なさる」という表現もあります。

以前提案した案件について伺うとき

OK

先日お伝えした案件ですが、ご検討いただけましたでしょうか？

NG

先日お伝えした案件ですが、どうなってますか？

×何様敬語

「ご検討いただく」とは、よいか悪いかという判断を仰ぐというニュアンスがあります。「お伝えする」「ご検討いただく」などの謙譲語を用いながら丁寧にお伺いしましょう。

プレゼンテーションの結果を聞くとき

OK

プレゼンテーションは、いかがでしたか？

NG

プレゼンテーション、どうだったんですか？

×何様敬語

上司との関係によりますが、一般的に「どうですか」という言葉を目上の人に使うのはフランクすぎます。礼節を持って、言葉を選びましょう。

プレゼンテーション結果に疑問があったとき

OK

恐縮ですが、質問をさせていただいてよろしいでしょうか？

NG

聞きたいことがありますが、聞いていいでしょうか？

×何様敬語

上司に対して、普通語「聞く」を繰り返しているのもよくありません。さらに唐突に切り出すのではなく、「恐縮ですが」とクッション言葉を使用して表現を和らげましょう。

直属の上司に頼んだ部長への伝言が伝わったかを確認するとき

OK

渡辺課長、部長にお話しになってくださいましたか？

×NG

渡辺課長、課長にお話ししてくださいましたか？

×勘違い敬語

尊敬語の「お……になる」を使い、「お話しになる」と表現します。さらに「くださる」を用いたランクの高い敬語です。「お話しして……」は、謙譲語なので使用しません。

探していた上司を見つけたとき

OK

そこにいらっしゃったのですか？

×NG

そこにおられたのですか？

×勘違い敬語

「いる」の尊敬語「いらっしゃる」を用います。「おられますか」は、謙譲語の「おる」に尊敬語の「れる」をつけた表現で良否の判断が分かれます。

社長と会ったかどうかを確認するとき

OK

社長にお会いになりましたか？

×NG

社長にお目にかかりましたか？

×勘違い敬語

「お目にかかる」は、尊敬語ではなく謙譲語なので、上司の行動には使用しません。社内での会話であれば、二人の上司に対して敬語を用いましょう。

書類の置き場所を確認するとき

OK

領収書はこの箱の中に入れて、よろしいでしょうか？

NG

領収書はこの箱の中に入れて、よろしかったでしょうか？

×バイトマニュアル敬語

過去におこなった仕事に関して過去形を用いるのは、問題ありませんが、これからおこなう行動を過去形で表現するのは、その行動前提で考えられていると捉えられます。

資料、書類などを見せるとき

OK

部長、ご覧になりますか？

NG

部長、拝見されますか？

×勘違い敬語

よくある間違い敬語ですが、謙譲語の「拝見」に尊敬語の「……れる」をつけたからといって、正しい尊敬語にはなりません。「拝見する」は、自分側につける謙譲語であることを覚えておきましょう。

進行の確認をもらうとき

OK

企画を進めさせていただきます。

NG

企画を進まさせていただきます。

×勘違い敬語

「進む」に「させていただく」をつけようとすると、このように間違い敬語になってしまいます。「進める」に「させていただく」をつけ、「進めさせていただく」でよいのです。

きちんと指導されているのかを確認されたとき

OK

岸本さんから教えていただいております。

NG

岸本さんが教えてくださるので、大丈夫です。

×若者言葉

尊敬語「くださる」を使用しても間違いではありませんが、報告する上司と指導係の岸本さん、両方を立てるには、謙譲語を用いたほうがよいでしょう。

これでいいかと確認をされたとき

OK

はい、結構です。

NG

よろしいです。

×何様敬語

「結構です」というフレーズは、否定的にも用いられます。話頭にはっきり「はい」か「いいえ」を伝えましょう。「よろしい」は、許可を出す場合の言葉なので、目上の人には使用禁止。

昼食時間のスケジュールを確認するとき

OK

昼食はもう召し上がりましたか？

NG

昼食はもうお食べになられましたか？

×二重敬語

「お食べになられる」は、二重敬語です。「食べる」は、尊敬語「召し上がる」に言い換えます。「食べる」の尊敬語が、「召し上がる」であることをしっかり覚えておきましょう。

〈上司に好かれる言葉〉

意見・感想を述べるとき

意見を述べるとき

NG 言いたいことがあります。

OK **発言してもよろしいですか。**

×何様敬語

宣言するのではなく、相手にお伺いを立てるように意見を述べます。意見を述べたいときは、「私見を申し上げてもよろしいでしょうか？」と許可を得てから発言します。

上司の意見に対して反論をするとき

NG 部長の考えは、少し違うと思います。

OK **私の理解では……ですが、もう一度確認させていただいてよろしいでしょうか。**

×何様敬語

「違う」は、部下から上司に使う言葉ではありません。婉曲（えんきょく）な表現に変えます。「私の理解は……」とあくまで個人的解釈だということと、再度確認をさせてくださいという姿勢で伝えます。

以前の話と異なるとき

OK

そのようなお話は伺っておりませんが……。

× NG

はぁ？　聞いてないんですけど……。

×何様敬語

商談で、唐突に前回の打ち合わせと全く異なる数字を提示されたら、思わず出てしまいそうな言葉ですが、こんなときこそ落ち着いて丁寧な言葉を用いましょう。

自分の意見を主張するとき

OK

私といたしましては A案でいきたいと考えております。

× NG

私的《わたしてき》には A案でいきたいと考えております。

×若者言葉

「私的には」という表現は、意見の主張をぼかすだけです。謙譲語の「といたしましては」を用いて、はっきりとしたニュアンスに置き換えましょう。

仕事に同行するとき

OK

お供《とも》いたします。

× NG

一緒に参りましょう。

×勘違い敬語

謙譲語の「参る」は、自分一人の行動を表すときに使用します。目上の人につき従って行くときは、「同行」という言葉をへりくだった表現の「お供する」にします。

意見を求められたとき

OK 私は……、と存じます。

NG 僕的には……、

×若者言葉

「……的には」という表現は、意味をあいまいにしています。若者の言葉として広がっていますが、ビジネス上では使用禁止です。はっきりと言い切りましょう。

言っていることが理解できなかったとき

OK もう一度ご説明いただけませんか?

NG わかりません。

×何様敬語

丁寧語ではありますが、上司に使う言葉ではありません。丁寧にお願いしてみましょう。また、「申しわけございませんが」などのクッション言葉を用いるとより柔らかくなるでしょう。

よいという感情を伝えるとき

OK 感動いたしました。

NG 超いいですね。

×若者言葉

「超……」は、「超楽しい」「超かっこいい」など若者言葉の代表的フレーズです。社会人であれば、落ち着いた印象を与える言葉を使いましょう。

企画の実現性が低いとき

OK

難しいと存じます。

NG

何気にダメっぽいです。

×若者言葉

「何気に」という若者言葉の使用も禁止ですが、「ダメ」「ぽい」もNG。「思う」の謙譲語「存じる」を使い、可能性は完全否定しないことです。

忙しい中資料を見てもらうとき

OK

お忙しいところ申し訳ありませんが、ご確認をお願いいたします。

NG

見てほしいものがあるんですけど、

×何様敬語

資料は見てもらうのではなく、確認してもらうものです。上司の様子を見て、クッション言葉を用いながら、丁寧にお願いしましょう。

言いにくいことを報告するとき

OK

大変申し上げにくいのですが……、

NG

すみませんが……、

×何様敬語

ＯＫ例は、実現が難しい依頼や無茶な要望を断るとき、また失敗したときなど、自身の発言を和らげるために用いるクッション言葉です。

意見を指摘するとき1

OK 失礼かと思いましたが、

NG 言わせていただきますが……、

×何様敬語

「出すぎたまねをしまして……」というニュアンスを含んだ相手を気遣うクッション言葉です。一言言っておきたいという重要な場面で使いましょう。

意見を指摘するとき2

OK 余計なことかもしれませんが……、

NG ちょっと言いたいのですが……、

×何様敬語

いくら一言添えたからといって、本当におせっかいなことであれば、嫌がられてしまいます。言葉の選択以外にも発言内容には十分気をつけましょう。

反論をするとき

OK おっしゃることはごもっともです。

NG でも……、

×何様敬語

相手の発言内容が違うと思っても、頭ごなしに否定をしてはダメです。まずは、相手の言葉を受けとめます。それから自分の意見を言いましょう。

そのプロジェクトをしたいとき

NG　そのプロジェクト　やってみたいんですけど……。

OK　**そのプロジェクト、私に担当させてください。**

×若者言葉

語尾をにごし、相手から言葉を投げかけてもらうのを待っている人がいますが、それでは意欲が伝わりません。はっきりと胸を張って主張しましょう。

大役を断るとき

NG　よい話ですが、私には力不足です。

OK　**大変光栄ですが、私では力不足かと存じます。**

×若者言葉

大役ですが、受けたくない場合に用いるとよいクッション言葉です。自分の気持ちをストレートに出す前に、一言添えると円滑な関係を築けます。

セクハラや嫌《いや》な質問をされたとき

NG　ちょっと変なこと言わないでください。

OK　**申しわけございませんが、そのようなご質問にはお答えできません。**

×何様敬語

セクハラやパワハラなどの発言に対しては、毅然（きぜん）とした態度で立ち向かいます。乱暴な言葉や曖昧な表現ではなく、丁寧な言葉を選びましょう。

今日中に処理ができるかと聞かれたとき

NG 今日中にはできないというか……、

OK 本日中に処理するのは難しいと思います。

×若者言葉

「……というか」は、気持ちの中では決まっているのですが、表現するときににごしてしまうときに使われる若者言葉です。ビジネス上では使用を避けましょう。

上司の発言の詳細を聞きたいとき

NG ……と申しますと？

OK ……とおっしゃいますと、どういう意味でしょうか？

×勘違い敬語

「申す」は、「言う」の謙譲語です。相手の言葉を受けての問い返しですから、相手を高める尊敬語を使いましょう。相手の行為に謙譲語を用いるのは、間違っています。

残業中先に帰るとき

NG 今日は、もう帰ります。

OK 本日はお先に失礼させていただいてよろしいでしょうか？

×何様敬語

自分だけ先に帰るのは気がひけて、言いづらくなる反動で、宣言のようになることがあります。宣言するのではなく、お伺いを立てるように伝えましょう。

サプライズ人事があったとき

OK 正直、驚いております。

NG ぶっちゃけ、ありえないでしょう。

×若者言葉

人間、本当に驚いたときは声が出ないと言いますが、第一声が若者言葉では、ビジネスパーソンとして失格です。丁寧な敬語を用いましょう。

上司からの贈りものの感想を聞かれたとき

OK 大変重宝しております。

NG 便利に使っています。

×何様敬語

「重宝」とは、「大切に使っているもの」を表します。相手が上司ではなくても、もらったときの感謝の気持ちを表すときに用いたい言葉です。

取引先で長時間待たされたとき

OK 事情を尋ねてまいりましょうか。

NG 何してるんですかね、ちょっと聞いてきます。

×何様敬語

たとえ仲のよい上司であっても、言葉遣いには気をつけましょう。またクライアント先では、どこで相手が聞いているかわかりませんので、その点にも注意を払いましょう。

上司の手伝いをするとき

OK 精一杯お手伝いさせていただきます。

NG 私がお力添えするので、頑張ってください。

×何様敬語

「お力添え」は、「手助け・協力」という謙譲語です。「……のお力添えのおかげで」と感謝の意を述べるときはよいのですが、サポートするときは表現を変えたほうがよいでしょう。

話を聞いて感動をしたとき

OK 部長のご発言に深い感銘を受けました。

NG 部長の言葉、すっごく感動しました。

×若者言葉

感銘とは、「忘れられないほど深く感動する」という意味です。「すっごく」は、言い方によっては感情を伝えるのに悪くはありませんが丁寧とは言えませんね。

上司の仕事ぶりを見て感心をしたとき

OK 敬服いたしました。

NG スゴいっすね。

×若者言葉

敬服とは、「強く心に感じ、尊敬の念を持つこと」を意味します。この場合、自分の感想なので、「いたす」という謙譲語を使います。

知っているかと聞かれたとき

OK 私も存じております。

NG 私もご存知です。

×勘違い敬語

「ご存知」は、尊敬語で高めたい相手の行動に用い、「存じる」は、謙譲語で自分の行動に用います。上司に対しては、自分を低める謙譲語を使いましょう。

父の伝言を伝えるとき

OK 父がよろしくお伝えするようにと申しておりました。

NG 父がよろしくと言っていました。

×何様敬語

父は身内なので、父の行為にも自分の行為を表すときと同じように謙譲語を使用します。「申す」は、話し相手の上司に敬意を払う謙譲語になります。

褒められたとき

OK お褒めいただき恐縮です。

NG 照れるなぁ。

×若者言葉

恐縮とは、「恐れから身がすくむ状態」を表す言葉です。「ありがとうございます」が失礼にあたるということはありませんが、謙虚さを伝えたいときは、OK例を参考に。

謙遜をするとき

OK **いいえ、とんでもないです。**

NG とんでもございません。

×ムダ敬語

「とんでもございません」は、文法上間違いだと言われてきましたが、最近は許容されています。しかし、伝統的な言葉を使ったほうが安心でしょう。

やってみるかと聞かれたとき

OK **やらせていただきます。**

NG やらさせていただきます。

×ムダ敬語

「やらさせて……」は、典型的な「さ入れ言葉」です。敬語を使い慣れていない人は、丁寧に話そうとすればするほど、陥る間違い敬語です。

スポーツ大会参加を要請された課長に

OK **完治されていないのなら、そうおっしゃったほうがよろしいですよ。**

NG 嫌ならそう申し上げたほうがいいですよ。

×勘違い敬語

「申す」は、謙譲語なので、課長との会話の中で、課長の行為を表すときに使うことはできません。尊敬語の「おっしゃる」を使いましょう。

本部から来た上司を出迎えるとき

OK お待ちしておりました。

NG ようこそいらっしゃいました。

×勘違い敬語

「ようこそ」や「いらっしゃい」は、社外の人へ用いる言葉です。本部から来たといっても同じ社内の上司なので、身内の目上に対しての言葉を選びましょう。

遠方から来た上司を出迎えるとき

OK 遠方よりありがとうございます。

NG 遠路はるばるご苦労様です。

×何様敬語

「ご苦労様」は、上司が部下の労をねぎらうときに用いる言葉です。地方や職場によって、挨拶の言葉が異なりますから、職場の先輩の言葉を見習いましょう。

失敗をしたとき

NG はぁ……、大変すみません。

OK 挽回できるよう頑張りますのでご指導をお願いいたします。

×何様敬語

失敗したときこそ、その人の真価が問われます。丁寧な言葉を使用するだけではなく、次にチャレンジするあなたの思いを発信しましょう。

他の支店から来た先輩に勤務先を尋ねるとき

OK **佐野さんのご勤務先はどちらですか？**

NG どこから来たんですか？

×何様敬語

「どこから来られたのですか？」というフレーズでもよいですが、より具体的な表現を使用したほうが、会話が発展しやすくなります。

経歴を聞くとき

OK **何年ぐらいご勤務なさっているのですか？**

NG 何年ぐらいご勤務しているのですか？

×勘違い敬語

尊敬語「ご勤務なさる」を使用したランクの高い敬語です。一見似ているようですが、「ご勤務している」は謙譲語で、主語を低めます。

応援をするとき

OK **プレゼンテーションのご成功をお祈りしています。**

NG プレゼンテーション、頑張ってください。

×何様敬語

上司に対しては、「頑張る」という言葉の使用を避けましょう。「お励みになる」という敬語はありますが、表現を変えたほうがよいでしょう。

決断を褒めるとき

OK

ご英断だと存じます。

NG

よい判断だと思います。

×何様敬語

「英断」には、すぐれた決断、きっぱりと判断をくだすというニュアンスがあるので、上司に用いるには最適です。「思う」の謙譲語「存じる」を使用します。

いたわるとき

OK

お元気になってなによりです。

NG

元気そうですね。

×何様敬語

尊敬語の「お元気になる」を用います。「なにより」とは、それより他にないこと、最もよいことをさします。病気などから戻ってきた上司などにかける言葉として使われます。

〈上司に好かれる言葉〉

お願い、指示を仰ぐとき

上司になにかを頼むとき

NG 頼みます。

OK **お願いいたします。**

会議の進行をお願いするとき

NG 部長、会議の進行をおやりいただけますか。

OK **部長、会議の進行をお願いいたします。**

×何様敬語

お願いをするときは、同僚や部下に対しても謙虚に頼むべきです。ましてや上司にとなれば、丁寧な言葉で謙虚にお願いするべきです。

×勘違い敬語

「やる」に「お」をつけて、「おやり」という敬語は、文法上問題はありませんが、きれいな言葉ではありません。「お願いいたします」と別の表現方法に変えてみましょう。

考えを聞くとき

OK 実際、いかが思われますか？

NG どう思いますか？

×何様敬語

「思いますか」は、丁寧語ですから敬意不足です。「れる」という尊敬語を使用します。親しい仲であれば、「どう思われますか？」という表現も使われます。

時間があるときにしてもらいたいことをお願いするとき

OK お手すきの折にでも、

NG 暇なときでいいので、

×何様敬語

「お手すき」とは、相手の手があいているときのことを表す尊敬語です。その他に「お手すきの際にでも」「お手すきのときで結構ですので」なども使われます。

上司に来てもらいたいとき

OK こちらまでお越しいただいてもよろしいでしょうか？

NG こちらに来てもらっていいですか？

×何様敬語

「来てもらう」ときは、「おいでいただく」「お越しいただく」を用います。目上の人に来ていただくのですから、ランクの高い敬語を使いましょう。

急いでいるとき

OK お忙しいところ恐縮ですが、お客様がお待ちです。

NG ちょっと、急いでもらえますか？

×何様敬語

こちらからお願いをするので、失礼のないように上司を気遣うクッション言葉を用います。「急いで」というように上司の行動を直接指示するような言葉は避けます。

打ち合わせ中の上司に確認事項があるとき

OK お話し中、申しわけありません。

NG 話し中、すみません。

×何様敬語

上司とお客様に向けて、申しわけないという気持ちを丁寧な言葉で表します。本来会議中に上司を呼び出すのはマナー違反。やむを得ない場合は、上司に目立たないよう小さなメモを渡しましょう。

私事で休暇が欲しいとき

OK 明《みょう》後《ご》日《にち》から休みたいのですが、許可をいただけますか？

NG あさってから休みもらっていいですか？

×何様敬語

きちんと「許可」という言葉を使用し、OKをもらいます。職場の人数が少なければ、突然、休暇をとると職場全体に迷惑をかけます。早めに許可を得ましょう。

プレゼン資料をそろえるとき

OK

プレゼンテーションに使用する資料は、何部準備すればよろしいでしょうか？

NG

プレゼン資料は、何部いりますか？

×何様敬語

「いる」を「準備する」に変換し、「よろしいでしょうか」と質問します。新人のうちは、上司の指示を仰ぎ、ビジネス用語を略さず、きちんと話しましょう。

翌日営業先に寄ってから会社へ向かうとき

OK

明日はA社に寄ってから出社いたします。

NG

明日はA社に寄ってから来ますね。

×何様敬語

上司の許可が必要な場合には「立ち寄ってから出社する予定ですがよろしいでしょうか」と伝えます。出社時間も伝えておくとさらによいでしょう。

案件の処理方法を聞くとき

OK

この案件は、いかがいたしましょうか？

NG

どうしたらいいですかね。

×何様敬語

処理方法やその考え方など具体的にわからない場合は、抽象的な質問になりがちです。わかる範囲でより具体的に質問をするようにしましょう。

本日中に処理する案件があったとき

OK 本日中に処理をお願いしたいと存じます。

NG 今日中にやってください。

×何様敬語

「存じます」は、「思います」の謙譲語です。大変丁寧な表現です。直属の上司であれば、もう少しフランクに「本日中に処理をお願いいたします」でもよいでしょう。

最終準備をするとき

OK なにか他に準備しておくことはございますか？

NG なにか他にありますか？

×何様敬語

上司に確認するとき、「他にありますか」と言葉を省かないようにしましょう。社会的距離のある上司には、丁寧語の「ございます」を用いてより丁寧に伺います。

待たせてしまっているとき

OK お待たせして申しわけございません。

NG お待たせして申しわけないんですけど……。

×若者言葉

語尾をはっきり言わない人が増えていますが、仕事上では効率が悪くなります。語尾までしっかりと話し、結論をきちんとわかりやすく伝えましょう。

目を通すようにと書類を渡されたとき

OK

拝見します。

×NG

見させていただきます。

×ムダ敬語

「見る」の謙譲語は、「拝見する」です。「拝見いたします」と言うと、さらに丁寧な敬語になります。無駄がないスマートな表現です。

重要なお願いがあるとき

OK

折り入って、お願いしたいことがございまして……。

×NG

ちょっと、お願いがあるんですが……。

×何様敬語

「折り入って」という言葉で、真剣で改まった気持ちを表現します。お願いするときは、普段にもまして丁重な言葉を用いましょう。

トラブルが起こり混乱状態になったとき

OK

少々混乱しております。

×NG

パニクってます。

×若者言葉

パニック状態の中で、意識的に丁寧な言葉を使うのは、非常に困難です。だからこそ日頃から気をつけてきれいな言葉を選びましょう。

重要な書類を借りるとき

✖NG

お貸しいただけますか？

OK

拝借させていただけませんでしょうか？

×何様敬語

「拝借」に「させていただく」で、借りる許可を得るときに使います。お伺いを立てる丁寧で改まった表現です。このレベルの敬語もしっかりマスターしましょう。

〈上司に好かれる言葉〉

依頼・命令・注文をされたとき

呼ばれたとき

OK **はい、ただ今参ります。**

NG 今、行きます。

×何様敬語

「行く」ではなく、自分の行為を丁重に述べる謙譲語「参る」を使用。時間がかかる場合は、「すぐ伺いますので、少々お待ちいただけますか」と許可をいただきましょう。

話しかけるとき

OK **佐野さん、……についてお聞きしたことがありますので、少しお時間をいただけますか？**

NG 佐野さん、ちょっといいですか？今、いいですか？

×何様敬語

ＯＫ例の「お時間」とは、上司の時間をいただくため、上司の所有する時間を尊敬語で表現します。「もらう」の謙譲語「いただく」を使用します。

仕事を依頼されたとき1

OK **承知いたしました。**

NG 了解しました。

×何様敬語

「了解」は指示命令系統がはっきりしている職場や、危険を伴う作業をしている職場で使われています。それ以外の職場では「承知しました」「承知いたしました」などを使います。

仕事を依頼されたとき2

OK **はい、承知しました。**

NG はい、いいですよ。

×何様敬語

ただの返事ではなく、状況や事情を知った上で「承る」といったニュアンスを持つ「承知する」を用います。ハキハキとさわやかに答えましょう。

催促をされたとき

OK **ただ今、お持ちいたします。**

NG 今、持っていきます。

×何様敬語

「時は金なり」という諺（ことわざ）があるように、ビジネスにおいても時間は大切です。今すぐに持っていくという意味を込め、「ただ今」を用います。

できるかどうかを確認されたとき

OK はい、ご指導いただければ、早速取り掛かります。

NG 全然、大丈夫です。

×若者言葉

本来、「全然」は打ち消しの意味の「ない」をともなって用いられます。「全然、平気」「全然、OK」などの表現は、くだけた印象を与えます。

在庫があるかと聞かれたとき

OK 在庫は十分ありました。

NG 何気に、在庫ありましたよ。

×若者言葉

「何気ない」は、「はっきりした考えや意図がなくて行動するさま」を意味するため、あいまいな表現として使われはじめたようです。「何気に」はビジネス上ではNG。

仕事上で指導を受けたとき

OK ありがとうございます、大変勉強になりました。

NG 了解しました。

×何様敬語

指導を受けたら、しっかりと感謝の気持ちを表します。さらに「勉強になった」と一言添えると、相手も指導したかいがあったなと思ってくれるでしょう。

初めての仕事で自信がないとき

OK **不慣れですので、ご指導をお願いします。**

NG やったことないんで、わかりませんが。

×何様敬語

何事にも新しいことにチャレンジする姿は美しいものです。その姿を壊さないように美しい言葉を使いたいものです。尊敬語の「ご指導」を使用します。

なるべく早くと言われたとき

OK **それでは、すぐに取りかかります。**

NG じゃあ、すぐにやります。

×若者言葉

「じゃあ」は、「それでは」に変換します。「やる」という言葉は口語的な表現ですので、上司との会話で使うのは控えたいものです。

細かい指示を受けたとき

OK **承知しました。そういたします。**

NG わかりました。そうします。

×何様敬語

「承知しました」は、相手の命令や要求を受け入れるときに使います。「承知いたしました」とするとさらに丁寧になります。「いたします」という言葉が、すぐに出てくるように練習しましょう。

頑張れと声をかけられたとき

OK

ありがとうございます。今後ともご指導をよろしくお願いします。

NG

ありがとうございます。いろいろ教えてください。

×何様敬語

上役が親しげに話しかけてくれても、こちらは丁寧な言葉で返しましょう。教えてもらうのが当然という意識ではなく、指導をしてもらえるようにお願いましょう。

注意を受けたとき

OK

ありがとうございます。

NG

超ウザいんですけど……。

×若者言葉

余計なお世話を焼かれたとしても、大人の対応としては「ありがとうございます」と受けとめましょう。余計なお世話だと伝えたいときには「承知しております」と伝えます。

呼ばれたとき

OK

どのような、ご用件でしょうか？

NG

なんですか？

×何様敬語

ぶっきらぼうに「なんですか？」と言うのではなく、「ご用件」という尊敬語を使い、丁寧に聞きます。言葉だけではなく、迅速に対応することも忘れずに！

仕事を任されたとき

OK はい、させていただきます。

NG はい、やっても結構です。

×勘違い敬語

許可を意味する「いいですよ」というニュアンスで、「結構」という言葉を用いているのでしょうが、部下は許可を出す立場にありません。注意しましょう。

頼まれてＯＫをするとき

OK 承ります。

NG 別にいいですけど……。

×何様敬語

NG 例は、「本当は困りますが仕方ありません」という嫌々引き受ける姿勢が伝わります。上司から仕事を頼まれたら「喜んで承ります」という姿勢を伝えると信頼されます。

残業を頼まれたができないとき

OK 申しわけございません、本日は、どうしても外せない用事がありまして。

NG 無理です。

×何様敬語

一言で表現してしまうと、社会性がない未熟な人という印象を与えます。クッション言葉を駆使して、表現を和らげながら、事情だけはしっかり伝えましょう。

上司の補佐に任命されたとき

✖NG

ダメ出しＯＫですから注意してください。

OK

精一杯務めますので、よろしくご指導をお願いいたします。

×若者言葉

「ダメ出し」は、もとは演劇用語で仕事などのやり直しを命じるという意味で使われます。「ＯＫ」は部下から上司に対して使う言葉ではありません。ＯＫ例のように謙虚に伝えます。

〈上司に好かれる言葉〉

謝罪・感謝をするとき

ちょっとした失敗をしたとき

OK **ご期待に応えられず、申し訳ございません。**

×NG いや〜、なんか調子が悪くて……。

×何様敬語

どんな些細なミスでもいいわけがましい表現は避けましょう。相手に迷惑を掛けけて申しわけないという気持ちを表す「申し訳ございません」を用います。

相手の手を煩わしたとき

OK **お手数をおかけいたしまして、申しわけございません。**

×NG 手間を取らせてすみません。

×何様敬語

「手数をかける」とは、他人が自分のために時間や労力を費やしてくれることをさします。「お手数をおかけします」は、頻出するフレーズです。

焦ってミスをしてしまったとき

OK

大変申しわけございません、余裕がなく状況が把握できませんでした。

NG

ちょっとテンパっちゃって……。

×若者言葉

「テンパる」の語源は、麻雀用語の「聴牌（テンパイ）」です。俗語なので、目上や高める人に対して使用する言葉ではありません。丁寧に言葉を尽くしましょう。

同じミスで怒られたとき

OK

大変申しわけございません。次は必ず、このようなことがないようにいたします。

NG

今回は前回と違って……。

×何様敬語

どんな事情があろうと、ミスをしたのが事実であれば、まずは、誠心誠意の謝罪をしましょう。そのあと、事情を述べ、できれば次の対策まで伝えられると◎。

自分に落ち度があったとき

OK

私の勉強不足のせいで、多大なご迷惑をおかけして誠に申しわけございません。

NG

私のせいですみません。

×若者言葉

はじめてのことにチャレンジして失敗したら、「経験不足」ではなく、「勉強不足」を用いましょう。お詫びするときは、いつもより丁寧な言葉を使います。

仕事の仕方を注意されたとき

OK **申しわけありません。**

NG すいません。

×若者言葉

「すいません」では、敬意は伝わりません。「すいません」を「申しわけございません」「失礼いたしました」などと言い換えて、丁寧に謝りましょう。

上司にトラブルの尻拭いをしてもらったとき

OK **ご面倒をおかけして、申しわけありません。**

NG 面倒かけてすみません。

×何様敬語

「すみません」ではなく、「申しわけありません」を用いましょう。自分の不注意で失敗した案件をフォローしてくれた上司には、丁寧な言葉で感謝の気持ちを伝えたいものです。

トラブルの責任を問われたとき

OK **このたびは申しわけございませんでした。チーム全体で改善策を考えます。**

NG でも、この件は私だけのせいではありません。

×何様敬語

仮に自分自身のミスではないとしても、言いわけがましいことは言わないようにしましょう。チーム全体で取り組む姿勢を正直に伝えましょう。

はじめての大きなミスをしたとき

NG

はじめてのことで、すみません。

OK

私が至《いた》りませんでした。申しわけございません。

×何様敬語

ミスを真摯に受け止めて、自分の能力が十分ではなく、注意が行き届かなかったというようなニュアンスを含んだ「至りません」を用いて謝罪します。

大きなミスをしたとき

NG

すみません……。

OK

お詫びの言葉もございません。

×何様敬語

ＯＫ例のように「どんなに多くの謝罪の言葉を尽くしても、表現しきれないほど、申しわけない気持ちで一杯です」という気持ちを表します。

書類上でケアレスミスをしたとき

NG

すみません。後で直しておきます。

OK

大変失礼いたしました。ただちに修正いたします。

×何様敬語

ミスをした上に、その修正を後回しにするとは、恥の上塗りとなります。「ただちに」という改まり語を使い、迅速に対応しましょう。

取引先に怒られたことを報告するとき

OK **A社の宇野部長からお叱りを受けました。**

NG A社の宇野部長が怒っているんですが……。

×何様敬語

「怒られた」は、「お叱りを受けた」に変換します。取引先に怒られるとは、会社としても大変な失態ですので、軽い物言いは厳禁です。

叱られたとき

OK **申しわけございませんでした。今後十分注意いたします。**

NG 気をつけます。

×何様敬語

近年、謝らないという人も増えているようです。失敗したときは、今後の対策や姿勢の前に、まずは失態についてしっかりと謝罪しましょう。

忠告を受けたとき

OK **ご指導いただき、ありがとうございます。**

NG 了解しました。

×何様敬語

指示されたのではなく、忠告をされて「了解」という返答は容認されません。忠告を受けたときは、感謝の気持ちを表しましょう。

協力してもらったとき

OK

ご尽力いただきまして、ありがとうございました。

NG

いろいろとありがとうございました。

×何様敬語

尊敬語の「ご尽力」とは、「目標のために力を出し尽くす、努力する」という意味があります。感謝の言葉を述べるときによく使われる敬語です。

交渉の間に入ってくれたとき

OK

お口添えいただきまして、ありがとうございます。

NG

つなげてくれてありがとうございました。

×何様敬語

「口添え」とは、交渉がうまく進むように、言葉を添えてとりなすことを表します。この言葉を尊敬語に換え、シンプルに表現しています。

〈上司に好かれる言葉〉

アフター5などで雑談をするとき

食事に誘われたとき

OK **喜んでお供します。**

NG いいですね。

×何様敬語

目上の人と一緒に出かける、つまり目上の人のお供をするという場合の言葉です。謙譲語を使用した「ご一緒させていただきます」でも問題ありません。

趣味などを質問するとき

OK **お料理をなさいますか？**

NG 料理はできますか？

×何様敬語

目上の人に対して、能力を問うような言い方は避けましょう。「する」の尊敬語である「なさる」を用い、「なさいますか」と尋ねれば、上司の気分を損ねることもありません。

お酒を勧められたが飲めないので断るとき

OK

不《ぶ》調《ちょう》法《ほう》なものですから……。

NG

お酒が飲めなくて……。

×若者言葉

「不調法」とは、「酒や芸事のたしなみがないこと」を意味します。へりくだったニュアンスもあるので目上の人に「飲めない」ことを伝えるときに重宝する言葉です。

上司がおしゃれに決めてきたとき

OK

そのジャケット、とてもお似合いです。

NG

そのジャケット、すごく似合っていますね。

×何様敬語

言い回しを変え、「着る」の尊敬語を使用し「きれいなジャケットをお召しになっていますね」でもよいでしょう。ただ、服を褒められるのを好まない上司もいますので、慎重に。

元気かどうかを尋ねられたとき

OK

はい、おかげさまで、元気に過ごしております。

NG

まぁ、元気にやっています。

×何様敬語

「おかげさま」とは、人からの助力や親切に対しての感謝を表す言葉です。普段から周りの人すべてに感謝していれば、すっと出てくる単語でしょう。

ランチに誘われたとき

OK ぜひ、ご一緒させてください。

×NG ご一緒しますよ。

×何様敬語

友人同士ではないので、「ご一緒させてください」とお願いしてみます。行く気満々をアピールするなら、副詞の「ぜひ」をつけましょう。

体を気遣うとき

OK お風邪を召しませんように。

×NG お風邪をひかないように。

×何様敬語

相手の体の状態を気遣い、「お風邪を召しませんよう」にと伝えましょう「召す」は、「お年を召す」「お気に召す」などに用いられます。

なにか飲みものを勧めてくれたとき

OK コーヒーをいただきます。

×NG コーヒーでいいです。

×何様敬語

勧めてくれた人に対して、「でいいです」と言うのは、偉そうな態度として受けとめられるおそれがあるので、避けましょう。もらうの謙譲語「いただく」を用います。

相づちを打つとき

OK
さようでございますか。

NG
へぇ〜……そうなんですか。

×若者言葉

相づちは、会話のリズムを一番に考えてしましょう。状況、相手によっては、「はい」「そうですか」などの軽い相づちが使われる場合もあります。

上司の私物を借りたとき

OK
部長、ご本をお貸しいただきありがとうございます。

NG
部長、本をありがとうございます。

×何様敬語

ものに敬語を使用し、その所有者を高める敬語の使い方があります。OK例は、部長の所有する本に「ご」を用いて、尊敬語にしているのです。

飲みに誘われているが仕事が残っているとき

OK
ありがとうございます。ただまだ仕事が残っておりますので……。

NG
遅くなっていいなら、行けますが……。

×何様敬語

「いいなら」という言葉は、まさに上から目線です。誘ってくれたことへの感謝の言葉を伝えたあと、現在の自分の状況を伝えてみましょう。

誘ってもらったことへの感謝を伝えるとき

OK お誘いいただき、ありがとうございました。

NG 今日はありっとざいました。

×若者言葉

ＯＫ例の感謝の言葉に続けて、「すごく楽しかったです。またお誘いください」と感想を伝えましょう。感謝の定型文だけで終わらないのが、できるビジネスパーソンです。

飲み会を断るとき

OK 申しわけありませんが、……があるため、今回は遠慮させてください。

NG お酒、飲めませんから、結構です。マジ、カンベンですから……。

×若者言葉

クッション言葉を用いながらも、「断る」ときの表現ははっきり、口調はやさしく言いましょう。あいまいな表現では、相手は誤解してしまいます。

食事のとき

OK 牛フィレステーキを召し上がりませんか？

NG 牛フィレステーキをお召し上がりになられませんか？

×二重敬語（三重敬語）

丁寧に伝えようとし過ぎると陥る罠の一例です。ＮＧ例は、二重敬語ならぬ、尊敬語「召し上がる」「お……になる」「れる」の三重敬語になっています。

先約があるので断るとき

OK

あいにく、……の予定がありまして。

NG

急に誘われても無理ですよ。

×何様敬語

「あいにく」は、都合が悪いときに用いるクッション言葉。基本的に「無理」という言葉は使わないほうがよいでしょう。「あいにく」の代わりに「残念ながら」でもOK。

お酒を勧められたとき

OK

ありがとうございます。いただきます。

NG

はい、飲みます。

×若者言葉

返事だけではなく、お礼を言ってから、両手でグラスを持って受けましょう。そして、いただいたら返します。相手のグラスの中が減っていないか確認し、お酌をするのを忘れずに！

上司からの紹介でお見合いした相手を断るとき

OK

私には過ぎたお方ですので……。

NG

私には不釣り合いな方ですので……。

×何様敬語

「不釣り合い」とは、「あなたは私とは釣り合わない」と相手をさげすんだ意味にとられるおそれがあります。「私にはもったいない」でもよいでしょう。

食事の翌日、お礼を言うとき

OK

昨日は、大変ごちそうになり、ありがとうございました。

NG

昨日は、ごちそうさまです。

×何様敬語

「あんなおいしいお刺身、はじめていただきました」「あのお酒ははじめていただきました」など具体的な感想を添えると、より感謝の気持ちが伝わるでしょう。

期待していると言われたとき

OK

ありがとうございます。ご期待に添えるように頑張ります。

NG

なんとか、がんばります。

×若者言葉

大役に、自信が持てなくても、意気込みは伝えましょう。相手の気持ちに応えようというニュアンスで「ご期待に添えるよう」を用います。

休暇明けのとき

OK

休みをいただきまして、ありがとうございます。

NG

楽しい休暇でした。

×何様敬語

有給を使った休暇で、旅行に行ったのなら、会社や上司に感謝の気持ちを伝えましょう。ちょっとした心遣いが大切です。

外出時に上司に出会ったとき

OK

A社においでになるのですか？

× NG

A社のほうに行かれるんですか？

×バイトマニュアル敬語

方角として、「ほう」を用いるのはOKですが、バイトマニュアル敬語の「ほう」の使用は避けましょう。意味をにごさず、しっかり伝えましょう。

趣味を聞くとき

OK

なにかスポーツをなさいますか？

× NG

なにかスポーツをおやりになられていますか？

×勘違い敬語

「お……になる」という尊敬語の形態に当てはめても洗練された表現とはいえません。尊敬語「なさる」を用いて、シンプルな表現にして聞きましょう。

作品を褒めるとき

OK

すばらしい作品でございますね。

× NG

上手にできておられますね。

×勘違い敬語

他に「見事」や「立派」なども用いることができます。「上手」とは、相手の能力を評価する言葉です。目上の人に使用するのは避けましょう。

食事でなにを食べたいのかを聞くとき

OK

本日は、なにを召し上がりますか？

NG

なに食べましょうか？

×何様敬語

「召し上がる」は、「食べる」の尊敬語です。また「お召し上がりになる」は、二重敬語ですが、習慣として定着しているので、使用しても問題ありません。

苦労話を聞いたとき

OK

昔は、ご苦労なさったのですね。

NG

昔は、苦労したんですね。

×何様敬語

尊敬語「ご苦労なさる」の形を用いて、相手を高めます。NG 言葉は、単なる丁寧語なので不適切です。このような場面では、深くうなずきながら聞いてみましょう。

上司の子供が遊びに来たとき

OK

ご立派なご子息様ですね。

NG

いい感じの息子さんですね。

×何様敬語

上司の「息子」は、「ご子息様」と尊敬語で表現しましょう。女の子の場合は、「娘さん」ではなく、「お嬢様」や「お嬢さん」、また「ご令嬢」を用います。

仕事納めのとき

OK

本年も大変お世話になりました。よいお年をお迎えください。

NG

よいお年を。

×何様敬語

上司から部下への挨拶であれば、「よいお年を！」の一言でよいかもしれませんが、後輩であっても一年間の感謝の気持ちをしっかりと伝えましょう。

仕事始めのとき

OK

あけましておめでとうございます。本年もよろしくお願いいたします。

NG

おめでとうございます。

×何様敬語

年始の挨拶は、その年のはじまりの挨拶です。上司だけではなく、同僚、部下、得意先などすべての人に丁寧な口調で、しっかりと伝えましょう。

休日、どこへ行ったのかを聞くとき

OK

お正月は、どちらへいらっしゃいましたか？

NG

お正月は、どちらへ伺いましたか？

×勘違い敬語

「伺う」は、謙譲語なので、敬意を払う人の行為を表すときには使用しません。「行かれた」は、敬意の低い敬語ですから、「いらっしゃる」を用います。

第三章

社内の人との会話

〈社内の人に対しての言葉〉

挨拶をするとき

朝の挨拶のとき

OK おはようございます。

NG おはざいま〜す。

×何様敬語

ビジネスシーンで、「ま〜す」という語尾伸ばしや「おはざいま〜す」という省略言葉を用いるのは、よろしくありません。朝の挨拶だからこそ、礼儀正しくさわやかにしたいものですね。

帰社をしたとき

OK ただいま戻って参りました。

NG ただいま。

×何様敬語

「ただいま」は、「ただいま帰りました」というフレーズの略です。「参りました」は、「行く、来る」をへりくだって表現した謙譲語です。

先に帰宅をするとき

OK **お先に失礼いたします。**

NG お先です。それでは……。

×何様敬語

「それでは……」と語尾を省略し、あいまいなニュアンスを持たせる方法は若者に多いのですが、「挨拶」においては、きちんと最後まで言い切りましょう。

室内に同時に入ろうとしたとき

OK **お先にどうぞ。**

NG すみません、お先に。

×何様敬語

先輩を押しのけて入るのはNG。年功序列という言葉は、以前ほど聞かれなくなってきたようですが、社会人としては、最低限知っておきたいマナーです。

〈社内の人に対しての言葉〉

先輩・同僚と会話をするとき

名前を呼ぶとき

OK **田中さん（田中くん）！**

NG 田中！

×若者言葉

いくら同僚でも、相手との距離感はしっかりと見極め、保ちましょう。呼び捨てではなく、敬称はつけたほうがよいです。「くん」禁止の職場もあるので要注意。

帰りの挨拶のとき

OK **お疲れ様です。**

NG おつ！

×若者言葉

普段使っている言葉は、ビジネスの重要な場面でも反射的に出てしまいます。日頃から、きれいな言葉を用いるように努力しましょう。

やる気を聞くとき

OK **本気でやるんですか？**

✖NG ガチでやるんですか？

✖若者言葉

「ガチ」とは、「真剣に」「真剣勝負」などの意味で使用する若者言葉です。「ガチンコ」の略語ですが、社会人としては使用を避けましょう。

面白いとき

OK **大変面白いです。**

✖NG ウケる。

✖若者言葉

「ウケる」は、「面白い」「とてもおかしい」という意味の若者言葉です。意味もなく「ウケるんですけど……」と丁寧語を入れても、仕事中は避けましょう。

返事をするとき

OK **はい。**

✖NG うん。

✖若者言葉

相づちで「うん、うん」と言うのは禁止です。「は〜い」と伸ばしたり、「はいはい」と二度言うのもNG。歯切れよく「はい」と一言返事しましょう。

表現が難しい返答を求められたとき

OK

判断が難しいところです。

×NG

微妙です。

×若者言葉

「微妙」とは、「一言では言い表せないほど細かく、複雑なさま」「きわどくてどちらとも言い切れないさま」を言いますが、ビジネスシーンでは不適切です。

本当かどうかを訪ねるとき

OK

本当ですか?

×NG

マジですか?

×若者言葉

「マジ」は、「真面目」の略語で、「本気」「真剣」などの意味で江戸時代から使用されていると言われていますが、やはり公の場で用いるのは控えましょう。

厳しい部長の話をするとき

OK

佐藤部長、すごく厳しいですね。

×NG

あの部長、ヤバいっすね。

×若者言葉

「ヤバい」はすごいと褒めるとき、危険なとき、困ったときなど肯定にも否定にも使用されます。「すごくいい」という意味でも使われます。誤解が生じやすい言葉です。

話がかみ合ってないとき

OK **話の論点や条件がかみ合っていないので……。**

NG 話にならない。

×何様敬語

基本的に、条件や視点が違いすぎて、話がかみ合っていないときに使用しますが、あまりストレートに言うと相手と揉めるきっかけになります。

話を聞いてほしいとき

OK **まずは、聞いていただけますか？**

NG とりあえず、黙って聞いてください。

×何様敬語

議論が白熱し、互いにエキサイトしたときなど、思わず使ってしまいそうな言葉ですが、ぐっと我慢して、「まずは……」と冷静に伝えましょう。

意見を言うとき

OK **私見ですが……。**

NG 私の独断と偏見ですが……。

×勘違い敬語

たとえデータを持ち出したとしても、誰でも話すときは、その人の意見です。過剰にそれを強調するのではなく、一言、「私見ですが」と添えるだけでよいでしょう。

楽しくないとき

OK

楽しいことを企画したいですね。

NG

クッソつまんねぇ。

×若者言葉

どんな好きな職場でも、365日楽しい会社などないでしょう。あえて「楽しくない」という必要はありません。前向きに建設的な意見を述べる人は、一目置かれます。

そんなことありえないと思ったとき

OK

それはありえないと思います。

NG

ありえないっしょ。

×若者言葉

「ないでしょう」を「ないっしょ」と略した若者言葉。否定語なので、「よく考えてみても……」「おそらく……」など、頭につけるとよいでしょう。

頭にきたとき

OK

本当に腹が立ちました。

NG

マジむかついた。

×若者言葉

怒りの感情を表現するフレーズなので、あまり楽しいイメージを与えませんが、はっきりと伝えなければならないときに用いられる言葉です。

もらいものを言うとき

OK **部長からいただいた万年筆です。**

NG 部長からもらった万年筆です。

×何様敬語

「いただく」は、「もらう」の謙譲語で自分を低め「くれた人」を高めます。もっと丁寧に「頂戴した」を用いてもOK。社外ではなく社内で話す場合は、部長に敬意を表しましょう。

困難な仕事を任されたとき

OK **難しいですね。**

NG 正直、ムリっ。

×若者言葉

非常に困難なプロジェクトや今までやったことない仕事をわりふられたら、思わず出てしまいそうなフレーズですが、「無理」という言葉は避けましょう。

安い商品を自慢してきたとき

OK **お買い得品ですね。**

NG 安物だね。

×何様敬語

安物には、価格が安いというだけではなく、「粗悪品」「質が悪い」といった意味を含みます。気づかず使うと人を傷つけてしまうので要注意。

旅行好きを伝えるとき

✖NG 旅行とか好きで……。

OK **旅行が好きで……。**

×若者言葉

「Aとか Bとか……」というように事物や動作などをいくつかあげるときに「とか」を使用します。なんでもかんでも「とか」を用いるのは、「とか弁」と呼ばれています。

以前話題にあがったものについて話をするとき

✖NG この前話していたやつです。

OK **この前お話ししていたものです。**

×若者言葉

「やつ」とは、人を卑しめて言ったり、ものをぞんざいに扱うことをさしていう言葉です。いくら同僚でもビジネス上で使用するのはやめましょう。

欠勤について話しをするとき

✖NG ドタキャンは基本的にダメだよね。

OK **当日になって休むという連絡は、基本的にやってはいけません。**

×若者言葉

「ドタキャン」とは、「土壇場でキャンセルする」という略語で使用されますが、ビジネス上では言動とも避けたいもの。土壇場でキャンセルすると信用を失います。

失敗をしたとき

OK

失敗してしまいました。

NG

やらかしちゃいました。

×若者言葉

「やらかす」自体が、「やる」「する」の俗語なので、たとえ丁寧に「やらかしてしまいました」と言っても職場で使う言葉としては不適切です。

相手に大変な仕事だと伝えるとき

OK

データ入力には、苦戦させられますね。

NG

このデータ入力、うざい！

×若者言葉

「うざい」は、「うざったい」を略した言葉で、方言から全国に広がった言葉。たとえ非常に煩わしいと思っても、なるべく丁寧な言葉を用いましょう。

プレゼンテーション前で緊張をしているとき

OK

気後れしています。

NG

ビビるね。

×若者言葉

「ビビる」とは、「気後れする」という意味の俗語的表現です。どんなに親しくしている先輩との間でも、ビジネスシーンでの使用は適切ではありません。

午後から休みをとりたいとき

OK **午後から休ませていただけませんか。**

NG 午後からばっくれようぜ。

×若者言葉

「ばっくれる」は、「しらばくれる（※知っていて知らないさまを装う）」の変化した言葉です。行動自体、社会人として認められませんが、言葉の使用も差し控えましょう。

苦手なことを言うとき

OK **……が少し苦手なので、**

NG 私って……が、できない人なんで……。

×若者言葉

「私って……な人だから」と自分自身で自分を限定してしまうと自らの可能性を狭めてしまいます。自分自身を決めつけてしまう言葉の使用は、避けましょう。

子供のプレゼントについて聞かれたとき

OK **子供の誕生日には……を買うつもりです。**

NG 子供の誕生日には……を買ってあげるつもりです。

×ムダ敬語

「あげる」は、「やる」の謙譲語です。この文章だと、自分を低め、わが子を高めるという聞き手に違和感を与える使用方法になりますので気をつけましょう。

先輩に聞かれたとき

OK **課長なら先程お出かけになりました。**

NG 課長ならさっきお出かけになられました。

×二重敬語

よくある間違いですが、「出かける」という一つの単語を二重に敬語化した二重敬語です。「お出かけになる」で、十分に敬意を示せます。

ものを置くとき

OK **この辺でよろしいでしょうか？**

NG この辺でおよろしいでしょうか？

×ムダ敬語

「よろしい」は、「よい」の改まり語なので、頭に「お」は必要ありません。「いいですか」「いいでしょうか」「よろしいですか」「よろしいでしょうか」の順に丁寧になります。

先輩から内情を聞かれたとき

OK **先輩、その案件、課長はお忘れになっていたようです。**

NG 先輩、その案件、課長が忘れてたっぽいです。

×若者言葉

「……ぽい」は、意味をぼかすために使うことが多いようですが、あいまいな印象を与えてしまいます。ビジネス上での使用は避けましょう。

先輩の失敗を言うなと言われたとき

×NG　っていうか、それはまずいですよ。

OK　私は、そうではなく、正直に言ったほうがよいと思います。

×若者言葉

「っていうか」の他に、「ていうか」「てか」「つうか」などの若者言葉も使われています。口癖になっている場合が多いので、根気よく直していきましょう。

和室で足を崩してもらいたいとき

×NG　お足、くずして大丈夫です。

OK　おみ足をお楽になさってください。

×何様敬語

使い慣れないとなかなか出てこないかもしれませんが、「おみ足（御御足）」とは、相手を高める言葉です。「おみ足をお楽に」は、和室で使われる言葉です。

自分だけでは達成できないとき

×NG　お力になってくださいますか？

OK　お力添えをいただきたいのですが。

×勘違い敬語

「お力添え」とは、「手助け・援助」を意味した謙譲語です。上司や社外の協力者にお願いするときに有効な言葉です。もちろん同僚にも用いることができます。

出張に行く上司を見送るとき

OK お気をつけください。

✕NG お気をつけてください。

✕勘違い敬語

多くの人が勘違いしていますが、「お気をつけて」に「ください」は、敬語として正しくありません。この場合は、「お気をつけ」に「ください」の言葉を使いましょう。

備品を渡すとき

OK お返しいただく必要はありません。

✕NG お返ししていただく必要はありません。

✕何様敬語

「お……していただく」という使い方は、目上の人に用いるのは不適切です。「して」をとって、「お……いただく」という使用の仕方が、敬語として適切です。

ものを渡して欲しいとき

OK お渡し願えませんか？

✕NG 渡しておいてくれますか？

✕何様敬語

「……してくれませんか」は、丁寧語ですが、目上の人には使えません。「お渡し」に「願えませんか」と相手の意向を伺うことで、要望を和らげています。

協力者を集めるとき

OK 手伝ってくださる方いませんか？

NG お手伝いしていただく方いませんか？

× 勘違い敬語

協力者を集めるのですから、協力してくれる人には敬意を払わなければなりません。「お手伝いしていただく」は、間違えた使用方法です。

訪問先を辞すとき

OK そろそろおいとまします。

NG もうそろそろ帰りますね。

× 何様敬語

訪問先を辞すときに使用します。直接「帰る」と言うと「自分の接待に不満があったのか」と思われかねませんので、婉曲な表現を用いましょう。

確認をするとき

OK 確認させていただけますでしょうか？

NG それマジですか？

× 若者言葉

「マジ」という言葉の使用自体避けなければなりません。確認すべきだと判断したら相手に許可をとり、急いで確認します。すぐに口から出てくるように練習しておきましょう。

スケジュールを伝えるとき

✖NG

日にちが決まったら、教えます。

OK

日程が決まりましたら、お知らせいたします。

×何様敬語

「教える」には、「身につけさせるよう導く」「教育する」「教授する」などの意味があり、目上の人に用いる言葉ではありません。「お知らせする」を使います。

〈社内の人に対しての言葉〉

朝礼、会議のとき

社長から社員全体への言葉をもらうとき

OK　社長よりご挨拶をいただきます。

NG　社長の挨拶です。

×何様敬語

敬語の一つです。社内の人に対して話すときは、社長を高める言葉を使用しましょう。この場面では、「ご挨拶」という尊敬語と「もらう」の謙譲語「いただく」で敬意を示します。

会議の進行をするとき

OK　先程、部長がおっしゃいましたが……。

NG　先程、部長がおっしゃられましたが……。

×二重敬語

社内会議の進行で、多少緊張したからといって「おっしゃられます」は、二重敬語です。これは「おっしゃる」という尊敬語に「れる」という尊敬語を重ねています。

題材を変更するとき

OK それでは次に移らせていただきます。

×NG では次に移らさせていただきます。

×ムダ敬語

「……させてもらう」という許可をもらう言葉の謙譲語に、不要な「さ」が入った間違い敬語です。敬語を使いなれない人によくあるミスです。

会議中静かにしてほしいとき

OK 円滑な進行にご協力願います。

×NG 静かにしてください。静粛に。

×何様敬語

会議や講演などでは、さまざまな人がいるので、ストレートに注意するのではなく、「お願いする」という姿勢で、婉曲な表現で要望を伝えます。

会議で重要なポストに任命されたとき

OK 精一杯、努めさせていただきます。

×NG 私では役不足ですが、頑張ります。

×何様敬語

「役不足」とは、自分の能力に比べて、役割が簡単なことを意味します。近年の文化庁の調査では半数以上が意味を勘違いしている言葉です。気をつけましょう。

話を本題に戻すとき

OK

ところで、先程のプロジェクトの件ですが……。

✖NG

ということで、雑談はさておき……。

×何様敬語

長い会議では、途中気が緩んでしまうこともあり、気分転換として、意図的に余談に入ったります。そこから本題に戻すとき、「雑談」という言葉は避けましょう。

会議進行中いきづまったとき

OK

少し休憩しましょうか？

✖NG

ちょっと休憩もらってもいいですか？

×何様敬語

「もらってもいいですか」とは、許可をもらう言葉ですが、状況や立場をわきまえての使用が適切です。進行を務めているのであれば、周りの状況を見て判断しましょう。

〈社内の人に対しての言葉〉

会議で発言をするとき

意見を述べるとき

NG 言わさせていただく。

OK **発言してもよろしいでしょうか。**

×何様敬語

「……させていただく」は、許可をもらうための謙譲語ですが、NG例は、不要な「さ」が入った「さ入れ言葉」です。また、この言い方は、傲慢（ごうまん）な印象を与えます。

データをふまえて主張をするとき

NG A社の統計だと……。

OK **3枚目の資料Bをご覧ください。A社の統計によれば……。**

×何様敬語

資料があるのであれば、まずは確認を促すように伝えます。会議の場合は、年下が多くても、年齢に関係なく、「ご覧ください」と敬語を用いましょう。

プレゼンテーションが終わったとき

OK

ご清聴ありがとうございます。

×NG

話を聞いてくれて、ありがとうございます。

×何様敬語

「ご清聴」とは、自分のプレゼンテーションを最後まで聞いてくれたことに対しての敬意を表す言葉です。よいプレゼンテーションには、よい言葉で締めくくりましょう。

全員の理解を確認するとき

OK

説明不足の点のご指摘をお願いいたします。

×NG

おわかりいただけたでしょうか？

×何様敬語

年齢やポジションが、バラバラな会議では、目上の人に向けた言葉遣いをします。目上の能力を試したり、評価したりするような言葉は、使用しないように！

連絡したいと主張をするとき

OK

私が電話をいたしましょうか？

×NG

私から電話してあげましょうか？

×何様敬語

「あげる」は、「やる」の謙譲語ですが、「てあげる」は、恩着せがましい表現です。目上の人に使うのは、控えたほうがよいでしょう。それより、お伺いを立てるような言葉を選びましょう。

連絡係になったとき

OK **みなさまにご連絡いたします。**

NG みなさまにご指示いたします。

×何様敬語

いくら敬語の形態をとったとしても、「指示」という言葉は「こうせよと指図する」ことなので目上の人には使用できません。「指示」は、上司から部下にするものです。

第三者の意見を伝えるとき

OK **B社は、そのように希望しております。**

NG B社がそう言っていました。

×何様敬語

第三者の意見を伝えるときは、相手の気持ちを代弁するニュアンスを間違えないよう、主張がすぎないよう、慎重に言葉を選ぶことが大切です。

交渉がうまくいかないと言われたとき

OK **それは厳しい状況ですね。**

NG それはヤバいですね。

×若者言葉

仕事がうまくいかないときは、言葉の使い方で上司や同僚の機嫌を損ねることがありますので、注意しましょう。若者言葉の「ヤバい」は使用禁止。

異論がないとき

OK 異存はございません。

×NG べつに問題はないですが。

×何様敬語

「異存」とは、「反対意見や異なった意見」という意味です。「ありません」をより丁寧にした「ございません」を添えて言います。

会議をはじめるとき

OK 定刻になりましたので、はじめさせていただきます。

×NG 時間になったので、はじめます。

×何様敬語

「定刻」は、「決められた時刻」という意味の熟語でかしこまった感じがあります。「いただきます」と謙譲語を用いて、周りの人を高めます。

発言者の話が長いとき

OK 恐縮ですが、手短にお願いいたします。

×NG もっとまとめて話していただけますか。

×何様敬語

「まとめて話して」というのは、みんなの前で「要約力がない」と能力不足を指摘しているようなものです。たとえ部下の発言だとしても使用は避けましょう。

外出する上司や先輩を見送るとき

OK 行ってらっしゃいませ。

✖NG 行ってらっしゃい。

×若者言葉

「行ってらっしゃい」は、丁寧な言葉ではありますが、上司や先輩に使うには抵抗があります。丁寧の助動詞「ます」の命令形「ませ」をつけると丁寧な表現になります。

退社をするとき

OK 失礼いたします。

✖NG お先に。

×何様敬語

「お先に」は、目上の人が目下の人に使う言葉です。少人数でフランクな雰囲気の部署であれば、謙譲語「……いたす」ではなく、「失礼します」でもよいかもしれません。

プレゼンテーションをはじめるとき

OK それではご説明いたします。

✖NG じゃあ、私が説明します。

×何様敬語

本題に入るとき、話を切り替えるために用いる言葉です。「じゃあ」では、あまりにくだけすぎているので、ビジネスシーンでは、使用を控えましょう。

質問を受けるとき

OK

ご質問はありますか？

NG

なにか質問とかありますか？

×若者言葉

「とか」は、本来二つ以上の言葉を並べるときに使用します。断定を避け、あいまいに述べるために使われることが多くなっています。会議の席には似合いません。

部下のミスが会議で取り上げられたとき

OK

私の監督不行き届きで、大変申しわけございません。

NG

私も何度も注意したのですが……。

×何様敬語

部下のミスは、上司の責任です。部下の責任であることが明らかであるなら、なおさら会議の中で、自分自身のミスとして誠心誠意、謝罪しましょう。

自社が高評価を受けたことを報告するとき

OK

弊社が高い評価を受けました。

NG

うちの会社が高い評価をもらいました。

×何様敬語

他社が集まる会議の場などでは、自社を表すときは「うちの……」という言葉は禁止です。「弊社」という表現以外に「当社」も使われます。

嫌なことを伝えるとき

OK **恐れ入りますが、一つよろしいでしょうか。**

✖NG あの……。

×若者言葉

相手の気分を害する言いにくいことは、なかなか切り出しにくく、歯切れも悪くなります。そんなときこそ、緩衝材となるクッション言葉を用いましょう。

自分の考えについて意見を求めるとき

OK **みなさま、いかがお考えになりますか？**

✖NG どうでしょうか？

×何様敬語

「いかが」は、相手の様子を伺うときに用いる改まった言葉です。「どう」「どのように」の言い換えです。「みなさま」と言葉を投げかけた後、敬語で丁寧に話しましょう。

会議で質問をするとき

OK **質問してもよろしいでしょうか？**

✖NG 質問なんですけど……。

×若者言葉

質問できることを前提として話しはじめるのではなく、出席している人に一度「質問していいのか、どうか」の確認、許可をもらいましょう。

会議で発言をするとき

OK

発言してもよろしいでしょうか？

✖NG

ちょっといいですか？

×何様敬語

発言も質問するとき同様、許可を求める言葉を用います。発言の許可を取るスタイルにすれば、会議がスムーズに進みます。

重い空気の中で発言をするとき

OK

恐れ入りますが、発言してもよろしいですか？

✖NG

……ちょっと言わせてもらっていいですか？

×何様敬語

重い空気の中、「ちょっと……」と言う人には場をわきまえない問題があるかもしれません。「空気が読めない」と言われる人がいますが、まさにこのような発言をする人でしょう。

気になる点を伝えるとき

OK

確認したいことがあります。

✖NG

なんか今の変ですよ。

×何様敬語

「なんか変」というのは、確証のない中、あいまいすぎる言葉です。見つける前に言うのではなく、「どこが変なのか」は、確認した上で発言しましょう。

理解ができなかったとき

OK ……について詳しく教えていただけますか。

✖NG もう一回わかりやすく言ってくれませんか。

×何様敬語

「わかりやすく言ってくれませんか」と言うと、説明の仕方が悪いと責めているとうに受けとめられかねません。「詳しく教えていただけますか」と謙虚な姿勢を示してみましょう。

同意をするとき

OK おっしゃる通りだと思います。村上さんと同じ意見です。

✖NG そうそう、そうなんですよ。

×何様敬語

「おっしゃる」は、「言う」の尊敬語。また同じ意見だということを伝えたあと、あなた独自の意見を述べるとさらに説得力が増すでしょう。

発言の真意が伝わっていないとき

OK 私が申し上げたのは……。

✖NG いや、違います……。

×何様敬語

たとえ誤解されたとしても、発言の意図が相手の意見を断ち切るように否定するのではなく、もう一度、違う角度から説明をしてみましょう。

反論をするとき

OK

確かに、岸本さんのおっしゃることも一理あると思います。しかし……。

NG

それって、違うんじゃないですか？
そんなのありえないですよ。

×何様敬語

一度相手の意見を受けとめましょう。また、「岸本さんのおっしゃることも一理ありますが、……」と一つのフレーズの中に否定や打ち消しの意味のある「が」が入らないようにしましょう。

要点を確認するとき

OK

……ということでしょうか？

NG

……ってことですよね？

×若者言葉

議論がエキサイトしてくると、ポイントや重要な点を確認するときの物言いが雑になってしまうことがあります。十分に注意しましょう。

作成した資料を提示するとき

OK

……の資料を作成いたしました。

NG

……の資料を
書かさせていただきました。

×ムダ敬語

敬語として、「書かさせて」という表現は、間違いです。また、資料は書くというより、作るという意味合いの言葉を用いたほうがよいでしょう。

質問に対する回答をもらったとき

OK
教えていただきありがとうございます。

NG
そうなんですか、どうもです。

×若者言葉

「教えていただき」をさらに丁寧に言うときは「お教えいただき」と表現します。「お（ご）……いただく」は、改まった場面で使われます。

相手の意見を聞きたいとき

OK
そちらについてはどのようにお考えですか？

NG
そっちはどう思ってるんですか？

×何様敬語

「こちら」「そちら」「どちら」は改まり語と呼ばれ、改まった雰囲気を出すことができます。「そっち」「あっち」などの指示代名詞も丁寧に伝えましょう。

先に発言した人の意見をふまえて主張するとき

OK
先程、北島さんがおっしゃいましたように……。

NG
さっき、北島さんが申し上げたように……。

×勘違い敬語

相手の行為に謙譲語の「申す」を使用することは、相手の立場を低める間違い敬語です。「言う」の尊敬語「おっしゃる」を用いましょう。

自分の意見を言うとき

OK それでしたらB案のほうがよいのではないでしょうか？

NG だったらB案でいったほうがいいんじゃないですか？

×何様敬語

まずは、「言葉を大切に話す」ということを意識すると、「だったら」「いいんじゃない」などの友達言葉は出てこないでしょう。マインドを変えましょう。

自分の意見が反対されたとき

OK 反対でいらっしゃいますか？

NG ……ダメってことですか？

×若者言葉

まずは、自分が主張した内容に、賛成なのか反対なのかを明確にします。ダメかどうかは、その先の問題です。感情を交えた議論は厳禁です。

意見に賛成をするとき

OK 私は賛成いたします。

NG まぁ、個人的にはそれでいいと思いますよ。

×何様敬語

煮え切らない表現や、議論のまま、相手の意見に賛同するとき、負け惜しみのような発言は厳禁です。言葉は素直に端的に述べましょう。

賛同した上で疑問点を述べるとき

OK
大変素晴らしいと思います。が、気になる点が一つございます。

NG
こちらの問題だけが心配です。

×何様敬語

内容について大筋同意できたならば、はじめにその事実を伝えましょう。そのあとに気になる点を挙げましょう。「何様？」と思われないように謙虚でいることが大切です。

反対意見を述べるとき

OK
……という見方はできませんか？

NG
それは絶対おかしいです！

×何様敬語

子供のように相手の意見を一方的に否定する物言いは、説得力を失ってしまいます。冷静に分析してこちらの考えを提案しましょう。

会議の最中に入室をするとき

OK
遅くなり申しわけありません。

NG
………（無言でこっそり席につく）。

×何様敬語

一言、伝えて入室したほうがよいのですが、その際に発言中であれば、静かに入り、発言が終わったあと、伝えてもよいかもしれません。

会議中に体調が悪くなったとき

OK

気分がすぐれませんので、席をはずしてもよろしいですか？

NG

気持ち悪いんでトイレ行っていいですか？

×何様敬語

「トイレ」「気持ちが悪いので」などの露骨な表現は、避けましょう。それらの言葉を使わなくても、あなたの顔色を見ていれば、誰もが気づくはずです。

会議中に緊急の連絡が入り席をはずすとき

OK

取引先からの電話ですので、席をはずします。

NG

先方さんから電話なんで、ちょっとはずします。

×何様敬語

社内の会議中に取引先から電話がかかってくることもあります。きちんと理由を伝えてから一礼し、退出しましょう。

いったん退席してまた戻るとき

OK

席をはずし、申しわけありません。

NG

どうもすみません。

×何様敬語

どうしても待たせられない突然の来客や呼び出しなど、予定通りにいかないことも多々あると思います。そんなときは丁寧に謝りましょう。

打ち合わせの資料が足りなかったとき

OK

勘違いしておりました。申しわけありません。

NG

勘違いしてたかもです……、ごめんなさい。

×何様敬語

家族や友人同士のやりとりではないので、ビジネスシーンでは、「ごめんなさい」は禁止。「すみません」も同様に使用を控えたほうがよいでしょう。

第四章

社外の人との会話

〈社外の人に対しての言葉〉

お客様が来たとき

廊下で訪問客と会ったとき

OK いらっしゃいませ。

NG どうも。

×何様敬語

「来客」には、「おはようございます」「こんにちは」などの日常的な挨拶ではなく、きちんと来社していただきありがとうございますという気持ちを表しましょう。

訪問客の名前を確認するとき

OK A社の渡辺様でいらっしゃいますね。

NG A社の渡辺様でございますね。

×勘違い敬語

「ございます」は、「ある」の丁寧語ですが、自分や身内が名乗るときに使用します。お客様を立てるときは、尊敬語の「いらっしゃる」を使います。

訪問客の名前を尋ねるとき1

OK
失礼ですが、お名前を伺ってもよろしいでしょうか?

NG
誰ですか?

×何様敬語

話頭の「失礼ですが」は、直接的な表現を避けるクッション言葉です。唐突に名前を聞くのではなく、ワンクッションおいて尋ねるのがマナーです。

訪問客の名前を尋ねるとき2

OK
お名前をお聞かせいただけますか?

NG
お名前を頂戴してもよろしいでしょうか?

×勘違い敬語

「頂戴する」は、「もらう」の謙譲語です。自分の行為に用いるのは問題ありませんが、この場合は「名前をもらってもいいですか?」という意味の言い方になるのでおかしいです。

名前の記入をお願いするとき

OK
こちらにお名前をお書きいただけますか?

NG
こちらにお名前様をお書きください。

×ムダ敬語

「お書きください」も言葉としては丁寧なのですが、こちらの意見を一方的に主張している点では×。お願いの意味合いを込めて、「いただけますか」と表現しましょう。

住所を聞くとき

OK

ご住所をお教え願いますか？

NG

住所をいただけますか？

×勘違い敬語

「いただく」は、「もらう」の謙譲語です。普通語では、「住所をもらっていいですか」という意味ですから、表現として正しくありません。

社内で同じ名字が3人いるとき

OK

営業部には山本という姓の者が3人おります。下の名前がおわかりでしたら教えていただけますか？

NG

山本は3人いるのですが、どの山本か、わかりますか？

×何様敬語

はじめからフルネームを確認するのがよいのですが、性別が異なる二人の場合は、「男性の山本ですか？女性の山本ですか？」と確認する方法もあります。

どの担当者に用件があるのかを尋ねるとき

OK

どの者にご用ですか？

NG

誰に用ですか？

×何様敬語

「誰に」は、社内の人（身内）をさしているので、間違いではありませんが、「どの者」と表現したほうが、相手を立てる柔らかい印象を与えるでしょう。

用件の内容を聞くとき

OK どのようなご用でしょうか？

NG なんのご用ですか？

×何様敬語

声のトーンやしゃべるスピードによっては、「なんの……」と言うと、つっけんどんな感じを与えてしまいます。落ち着いてゆっくり「どのような……」と伝えましょう。

面識のない来客のとき

OK 大変失礼ですが、どのようなご用件でしょうか？

NG ご用件は、なんでしょうか？

×何様敬語

その来訪者が、どのような立場の人かわかりませんので、唐突に「用件はなにか？」と尋ねるのではなく、クッション言葉を用いて、柔らかに尋ねましょう。

担当上司が不在のとき

OK 申しわけございません、専務の田中はただいま外出しております。

NG 田中専務はいらっしゃいません。

×ウチソト逆転敬語

「いらっしゃる」は、「いる」の尊敬語。自分の上司は身内です。身内の行為を尊敬語で表しません。このルールをしっかりと守りましょう。

顧客が訪問してきたが担当者が不在のとき

OK

田中は15時には戻る予定でおりますが、いかがいたしましょうか？

NG

田中は15時に戻りますが、どうしますか？

×何様敬語

重要な取引先のお客様には、戻る時間がわかっている場合には、その時間を伝えます。その上で相手の意向を尋ねます。「いかがいたしましょうか」は、重宝な言葉です。

大切な顧客が出直してくると言ったとき

OK

せっかくお越しいただきましたのに、申しわけございませんでした。

NG

そうですか。わかりました。

×何様敬語

相手の言葉を単に受け入れるだけではなく、お忙しい中、足を運んでくれたことに対しての感謝の気持ち、担当者不在で申し訳ないという気持ちを表しましょう。

担当者がくるまで待ってもらうとき

OK

ただいま木下が参りますので、少々お待ちいただけますか？

NG

木下課長ですね。ちょっと待っててください。

×ウチソト逆転敬語

社外の人に対して「木下課長」というと役職をつけると、自社の課長を高めることになってしまうので使用は避けましょう。自分の上司は身内扱いします。

打ち合わせの担当者が予定よりも遅れているとき

OK **今しばらくお待ちいただけますか？**

NG もうちょっとだけ待っててくださいね。

×何様敬語

相手にも都合がありますから「待っていてください」と無理強いするのではなく、質問という形で依頼してみましょう。「ちょっと」もお客様に対して使う言葉ではありません。

少し待ってもらうとき

OK **こちらでお待ちください。**

NG こちらでお待ちしてください。

×ウチソト逆転敬語

「お待ちして」は、「待つ」の謙譲語なので、相手の行動を促すためには使用できません。尊敬語「お待ちください」を使用しましょう。

相手を待たせてしまったとき

OK **お待たせして申しわけありません。**

NG すいません、お待たせしちゃって……。

×何様敬語

仕事を依頼される側とする側という企業の関係はあるでしょうが、相手の貴重な時間を浪費させてしまったことへのお詫びの気持ちを丁寧に伝えましょう。

来客を出迎えるとき

OK

おいでいただき、ありがとうございます。

NG

わざわざ来てもらって、すみません。

×何様敬語

どんなときでも「すみません」とつければ、丁寧な言葉になると勘違いしているビジネスパーソンがいます。この場合は、謝るのではなく、感謝の言葉を用いましょう。

来客のアポイントメントの有無を確認するとき1

OK

恐れ入りますが、お約束はいただいておりますでしょうか？

NG

アポはお持ちですか？

×何様敬語

「アポ」と略するのではなく、「アポイントメント」また「お約束」ときちんと言いましょう。感謝の気持ちを表す「恐れ入りますが」を用いることで、より丁寧なフレーズになります。

来客のアポイントメントの有無を確認するとき2

OK

お約束でございますか。

NG

お約束はしていらっしゃいますか。

×何様敬語

「していらっしゃいますか」は、丁寧な尊敬語ですが、約束の有無を問いつめるような印象を与えます。「お約束でございますか」と言えば、担当者と来客の関係の有無を尋ねることになります。

お客様を招いたとき

OK **お待ちしておりました。**

NG 待ってましたよ。

×何様敬語

「待っていました」という言い方では、お客様に対する敬意を伝えることができません。謙譲語の「お待ちしておりました」を用いることで、相手を高めましょう。

悪天候の中、取引相手が訪ねてきたとき

OK **雨の中をおいでいただき、ありがとうございます。**

NG 雨の中大変でしたね、お疲れ様です。

×何様敬語

このようなケースは、相手をねぎらうのか、相手への感謝の気持ちを添えるのかですが、感謝の気持ちを伝えたほうが、ポジティブに仕事ができるでしょう。

雨や雪で地面が濡れているとき

OK **お足下にご注意ください。**

NG お足下にお気をつけてください。

×ムダ敬語

「お気をつけください」は、「お（ご）……ください」という尊敬語です。間違い敬語の「お気をつけてください」は、「お気をつけください」が、正しい使い方です。

以前仲のよかった取引相手が訪ねてきたとき

OK ご無沙汰しております。その節はお世話になりました。

NG お久しぶりです、その節はどうも。

×何様敬語

同僚だと「お久しぶり」でよいのですが、目上に人には、「ご無沙汰……」を使います。意味は、「長らく訪ねなかったり、便りをしないままでいたりすること」を詫びる敬語です。

応接室に案内をするとき

OK 第一会議室に、ご案内いたします。

NG あっちです。

×何様敬語

丁寧な言葉を使おうと、動詞に気を使っても、指示代名詞まで気がまわらない人がいます。「あっち」ではなく、「あちら」、名称があれば、名称を用いましょう。

トイレの場所を教えるとき

OK お手洗いは、右手奥にございます。

NG お手洗いは、右手奥になります。

×バイトマニュアル敬語

「なる」とは、「なかったものが新たに形ができて現れる」「別の状態に変わる」「行為の結果、完成する」などを意味します。トイレは突然できませんよね。

社長の旧友が突然来社をしたとき

OK

社長は、会議中なので、お目にかかれないと申しております。

NG

社長は、会議中なので、お会いになれないとのことです。

×ウチソト逆転敬語

自社の社長の行動には、尊敬語は使用しません。「会う」「言う」という言葉は、謙譲語の「お目にかかる」「申す」に変換します。

来訪者が上司との面会を求めたとき

OK

大変申しわけございません、打ち合わせが予定より長引いておりまして、10分ほどお待ちいただけないでしょうか？

NG

ただいま、取り込んでいまして、少しお待ちください。

×何様敬語

お客様を待たせるのであれば、緩衝効果のあるクッション言葉を用いながら、具体的な時間を伝えます。ただし、時間が明確でない場合、明言は避けましょう。

相手に迎えに行くことを伝えるとき

OK

駅までお迎えに上がります。

NG

駅まで迎えに行きます。

×何様敬語

「迎えに行く」の謙譲語「お迎えにあがる」を用います。「お迎えに参ります」でも間違いではありませんが、「上がる」のほうが、より丁寧です。

飲みものを選択してもらうとき

OK **コーヒーと紅茶がございます。**

NG コーヒーと紅茶があります。

×何様敬語

「……がございます」は、「あります」。「……でございます」は、「……です」のさらに丁寧な言い方です。「ございます」は、学生時代は使う機会が少ない言葉の一つです。

お客様に飲みものを出すとき

OK **お茶をお持ちいたしました。**

NG お茶のほうをお持ちしました。

×バイトマニュアル敬語

ファミリーレストランやファストフード店で、よく使われる「……ほう」は、ビジネスシーンでは避けたい表現です。ものをぼかして表現するのではなく、しっかりと言い切りましょう。

茶菓子などのメニューを見てもらうとき

OK **お待ちになる間メニューをご覧ください。**

NG お待ちする間メニューをご覧ください。

×ウチソト逆転敬語

尊敬語「お待ちになる」と尊敬語「ご覧になる」を用います。一つの単語を二重に敬語化すると、二重敬語になりますが、この場合、異なる単語なので問題ありません。

茶菓子などを出すとき

OK **どうぞ召し上がってください。**

NG どうぞお召し上がりになられてください。

×二重敬語（三重敬語）

「お召し上がりになられる」は、「食べる」の尊敬語と尊敬語「お……になる」と尊敬語「れる」をつけた三重敬語です。

お茶を出すとき

OK **粗茶ですが、どうぞ。**

NG どうぞ飲んでください。

×何様敬語

「粗茶」「粗菓」とは、茶菓のクオリティーに関係なく、こちらがへりくだる謙譲語の一種です。どんなに高級なお茶でも、このように表現します。

コーヒーを出すとき

OK **コーヒーを、どうぞ召し上がってください。**

NG おコーヒーを、どうぞ召し上がってください。

×ムダ敬語

お茶やご飯には「お」がつきますが、「おコーヒー」「おワイン」などとは美化語としても用いません。基本的にカタカナ単語に「お」は使用しません。

来社の礼を伝えるとき

NG
来てくれてありがとうございます。

OK
お運びくださり、恐縮しております。

×何様敬語

「来る」を表現する尊敬語「お運び」を用います。さらに「恐縮しております」とへりくだることで、相手を高めます。「お運び」を「おいで」「お越し」と言い換えることもできます。

〈社外の人に対しての言葉〉

訪問をしたとき

受付で取り次いでもらうとき1

✖NG

宇野部長様と13時にお約束をしているのですが……。

OK

宇野部長と13時にお約束をしているのですが……。

受付で取り次いでもらうとき2

✖NG

14時から木下さんと約束してるA社の若山ですが。

OK

14時に木下さんとお会いする約束をしておりますA社の若山と申しますが。

×ムダ敬語

名前の下に役職をつけると、それ自体が敬称になります。さらにそこに「様」をつける必要はありません。ムダ敬語なので、用いないように注意しましょう。

×何様敬語

名乗るときは、「申します」という謙譲語を使用します。またビジネスシーンでは、「約束している」のような「い抜き言葉」は控えましょう。受付でも、折り目正しく挨拶することが大切です。

招待してもらったとき

OK ご招待いただきまして、ありがとうございます。

NG ご招待してもらって、ありがとうございます。

×何様敬語

招待してもらったときのフレーズとして、「ご招待いただき」「お招きにあずかり」などを使います。言葉とともに身だしなみにも気を配りましょう。

アポイントをとらず取引先を訪問したとき

NG 近くに来たんで、……。

OK 近くまで参りましたので、……。

×何様敬語

顔なじみの取引先であれば、アポイントがなく、顔を出すことも営業の一環です。その際、一言丁寧な言葉を添えるだけで、さらにイメージがアップするでしょう。

飛び込み営業をしたとき

OK 突然お邪魔して申しわけありません。

NG 突然ですが、総務担当、おられますか？

×何様敬語

飛び込み営業は、相手としては、予定外の来客で対応に困ります。一言、相手を気遣い、謝罪の気持ちを込めた前置き表現をつけましょう。

担当者と会ったとき

OK いつもお世話になっております。

NG どうもお世話様です。

×何様敬語

「お世話」に「様」なので、より丁寧な言葉だと勘違いしてはいけません。「お世話様」とは、目上の人が目下の人に用いる言葉です。このケースでは使用しません。

担当者が不在だったとき

OK 承知いたしました、日を改めて参ります。

NG そうですか、また来ますね。

×何様敬語

担当者の不在を告げられて、「そうですか……」では×。相手の言葉を受けて、対応を伝えます。「日を改めて」も覚えておきたい言葉の一つです。明るくさわやかに伝えましょう。

初対面の相手と挨拶をするとき

OK はじめてお目にかかります。

NG どうも、はじめまして。

×何様敬語

言い方でも変わりますが、基本的に「どうも」は、「気楽な挨拶」「気楽に謝意」を表すときにも用います。初対面では使用を避けましょう。

前に食事した取引相手と挨拶をするとき

OK
お世話になっております。先日はありがとうございました。

NG
お疲れ様です。この間はありがとうございました。

×何様敬語

「お疲れ様です」は、社内の挨拶の言葉として使用されることが多いのですが、親しいといえども社外の人には、「お世話になっております」と礼を尽くしましょう。

取引先の人と久々に会ったとき

OK
ご無沙汰しております。

NG
お久しぶりです。

×何様敬語

「お久しぶり」より丁寧な言葉を使いましょう。相手から「ご無沙汰しています」と言われたら、「こちらこそご無沙汰しております」と返しましょう。

同行した上司を相手に紹介するとき

OK
弊社の部長の吉田でございます。

NG
うちの会社の吉田部長です。

×ウチソト逆転敬語

役職を名前の後につけると、その人物を立てることになりますので、自分の上司を紹介するときには、用いません。また自社のことは、「弊社」「当社」を使用しましょう。

茶菓子を出してくれたとき

OK ありがとうございます。頂戴いたします。

✖NG すみません、いただきます。

×何様敬語

「頂戴する」は、物をもらうときだけではなく、飲食をすることをへりくだって言うときにも使います。「いただきます」より改まった印象を与えます。

お土産を渡すとき

OK 気持ちばかりですが……。

✖NG これ、どうぞ。

×何様敬語

「粗茶ですが……」と言って、お茶を出すことと同様に、お土産を渡すときも、へりくだった表現が用いられてきました。他に「お口に合うかわかりませんが、……」も使われています。

〈社外の人に対しての言葉〉

打ち合わせ、商談をするとき

道に迷い打ち合わせに遅れてしまったとき

OK **申しわけありません。迷ってしまいまして。**

×NG すみません、迷っちゃって……。

×何様敬語

「すみません」は、ビジネス上の謝罪の場面での使用を避けましょう。「申しわけありません」「申しわけございません」を用いましょう。

会議室の席に誘導をしたとき

OK **どうぞお掛けください。**

×NG お座りください。

×勘違い敬語

「お座りください」は「座ってください」の尊敬表現なので間違いではないのですが、椅子であれば「お掛けください」が適切です。

応接室へ通して待ってもらうとき

OK
こちらにお掛けになって、少々お待ちください。

NG
こちらに座って、もうちょっとお待ちください。

×何様敬語

待っていただく場合は、掛けてもらう椅子を示し、丁寧に伝えましょう。すぐに担当者が現れる場合は、「もうちょっと」ではなく、「少々」と表現します。

初対面の相手に名刺を渡すとき

OK
はじめまして。吉田○○と申します。

NG
はじめまして……、私こういう者です（名刺を差し出す）。

×何様敬語

初対面のときの挨拶は、「フルネーム」に謙譲語の「申します」を用いると相手の印象に残るでしょう。また会社名と部署名を先に伝えるとよいでしょう。

室内に入るとき

OK
失礼いたします。

NG
どうも。

×何様敬語

新卒採用の面接対策で学んだと思いますが、「失礼いたします」は入室するときに使う基本の言葉です。お辞儀などの立ち居振る舞いも礼儀正しさを意識してみましょう。

名刺を交換するとき

OK

私《わたくし》はA社の（自分の名前）と申します。

NG

私《わたし》こういう者です（名刺を差し出す）。

×何様敬語

「わたし」ではなく、「わたくし」を用いて、名刺を出しながら、社名、名前を伝えます。自分の情報を伝えるだけでなく、相手の言葉もしっかり聞きましょう。

相手の名前の漢字が読めないとき

OK

恐れ入りますが、なんとお読みしたらよろしいのでしょうか？

NG

すみません、この漢字、読めないのですが。

×何様敬語

読めないという事実より、どう読むのかという読みたい意思を伝えたほうが、相手は好意を持ってくれるでしょう。謙虚なクッション言葉も忘れずに！

相手の名刺をもらうとき

OK

頂戴いたします。

NG

あ、どうもいただきます。

×何様敬語

名刺交換は、ビジネスマンの能力をおしはかる重要な仕事です。両手で受け取ったら「押しいただく」ように軽く上にあげると丁寧に名刺を扱っていることが伝わります。

自分の苗字の読み方を聞かれたとき

OK
ごろうまると申します。

×NG
ごろうまるって読みます。

×何様敬語

初対面の名刺交換のルールは、「フルネーム」に「申します」。キラキラネームといわれる若者が、社会人デビューを果たしはじめていますので、名前はしっかりと伝えましょう。

名刺を切らしてしまったとき

OK
あいにく切らしておりまして……。

×NG
うっかり忘れてきちゃいまして……。

×何様敬語

名刺を切らしてしまうことは、ビジネスチャンスを逃す一番のミスです。しかし切らした場合は、一言添えて、必ず郵送などで名刺を送りましょう。

席に座ってもらうとき

OK
どうぞお掛けください。

×NG
ご着席してください。

×ウチソト逆転敬語

「ご着席してください」は、着席する人を低める表現です。「して」を抜くだけで、尊敬語に変わります。式典などでなければ「お掛けください」のほうが自然です。

自社のことを紹介するとき

OK **弊社**

NG わが社

×何様敬語

「わが社」を謙譲語で言うと「弊社」になります。また、「当社」でもＯＫです。社長が社内で指針を発表したり、力強い演説をしたりするときは、「わが社」でも構いません。

知らないことを聞かれたとき

OK **存じません。**

NG 知りません。

×何様敬語

「存じません」は、「知りません」の謙譲語です。もう少し柔らかく表現したい場合は、「わかりかねます」を用いましょう。

商品を紹介するとき

OK **販売しております。**

NG 販売させていただいております。

×ムダ敬語

どのような場面でも「させていただく」を多用する人は、社会人としての能力を疑われてしまいます。その場や状況にふさわしい言葉を選ぶ努力も求められます。

相手の意見を使用するとき

OK **あなたがおっしゃいましたように……。**

NG あなたが申されたように……。

×勘違い敬語

「申す」は、謙譲語です。この場合、「言う」の尊敬語「おっしゃる」を用いますが、「おっしゃられました」は、二重敬語です。なお「あなた」は、目上の人には使えません。

相づちを打つとき

OK **さようでございますか。**

NG そうですか。

×何様敬語

「さよう」は、「その通り」という意味です。それに丁寧語の「ございます」を合わせたシンプルな敬語です。改まった場面では、このような相づちを打ちましょう。

取引先の他の人から事前に情報をもらっているとき

OK **その話は、影山さんから伺っております。**

NG その話は、影山さんから伺ってございます。

×勘違い敬語

「ございます」は、「ある」「である」の丁寧語。この場合は、「いる」の謙譲語を使い、「伺っております」と表現します。

情報が相手に入っているとき

OK　すでにお聞きおよびのことと存じますが……。

NG　もう聞いていると思いますが……。

×何様敬語

尊敬語「お聞きおよび」と謙譲語「存じます」をつけた相手を敬う言葉です。相手が情報を持っている前提で、話を進めるときに使用するフレーズです。

相手に情報が入っているかを確認するとき

OK　お聞きになりましたか？

NG　伺っていますか？

×ウチソト逆転敬語

「伺う」は、謙譲語で相手に敬意を払うために自分を低める目的で使用します。相手の「聞く」という行為は、「お聞きになる」という尊敬語を用いましょう。

資料を持ってきてもらうとき

OK　次回、資料をお持ちになってください。

NG　次回、資料をご持参してください。

×ウチソト逆転敬語

「持参する」は、持って行くこと、持って来ることを表します。目上の人には「お持ちください」と言ったほうが無難です。

相手の意見に同意するとき

OK **おっしゃる通りだと思います。**

NG おっしゃられる通りだと思います。

×二重敬語

この間違い敬語は、よく使われますが、「言う」の敬語「おっしゃる」に、尊敬語「れる」を組み合せた二重敬語です。

相手の言葉に同調するとき

OK **田中さんがおっしゃることには説得力があります。**

NG 田中さんがおっしゃられることには説得力があります。

×二重敬語

この場合の「おっしゃられる」は、「おっしゃる」に「れる」という二つの敬語が連なる二重敬語です。ただし、「そうおっしゃられても……」の「れる」は受け身を表しています。

よい企画を出されたとき

OK **よい企画でございますね。**

NG よさげじゃないですか。

×若者言葉

「よさげ」は、「よさそうなようすだ」という意味で使われています。社会人になり社外で話す言葉は、責任を持って、しっかりとした言葉遣いを心がけましょう。

途中で退室するとき

OK

申しわけございませんが、中座させていただきます。

NG

すみません、ちょっと抜けさせてもらいます。

×何様敬語

席を外すことが、事前にわかっている場合は、事前にしかるべき人に伝えておくとよいでしょう。会議などの流れをさまたげないように静かに退出します。

配った資料を確認をするとき

OK

全てそろっております。

NG

全てそろってございます。

×勘違い敬語

「そろっています」を謙譲語で表すと、「そろっております」となります。「おります」は、社会人として使いこなしたい言葉です。

社内の意向を伝えるとき

OK

部長がお話しになりましたが……。

NG

部長がお話しになられましたが……。

×二重敬語

「お話しになられる」は、一見丁寧に聞こえますが、典型的な二重敬語です。「お話しになる」と表現すれば、十分です。

自分では判断できない内容を問われたとき

OK その件は、私では判断しかねますので、上司と相談したいと存じます。

×NG ちょっと、僕では……。

×若者言葉

即答することが難しい内容の件について回答を求められた場合は、あいまいな言葉でにごしたり、適当に答えたりしないで、誠実に歯切れよく伝えましょう。

来訪者をねぎらうとき

OK 遠いところをご足労いただきまして、ありがとうございます。

×NG わざわざ来ていただいて、ありがとうございます。

×ムダ敬語

天気が悪い日なら「お足下が悪い中」、暑い日なら「お暑い中」とシーンに合わせて使い分けます。「わざわざ」は、聞き方によって嫌味に聞こえる言葉なので注意が必要です。

追加資料を部署内で次回までそろえるとき

OK 資料をそろえますので、お時間をください。

×NG 資料をそろえさせますので、少し待ってください。

×何様敬語

部下につくらせる場合でも、会議場では、プロジェクトの代表者として「させる」のではなく、「する」と表現することが好ましいのです。

発言するために前置きをするとき

OK **あくまでも私見ですが……。**

NG ちょっと考えがあるんですが……。

×何様敬語

「あくまでも」は、「あくまで」を強めた言い方です。会社を代表した立場で、交渉に臨んでいるときに、自分の考えとして述べたいときに使用します。

今後のつきあいをお願いするとき

OK **今後とも、おつきあいのほどよろしくお願いいたします。**

NG これからもよろしく。

×何様敬語

いったん取引が終わり、落ち着いたところで「今後とも」と挨拶をすれば、未来を見据えた継続性があり、良好な関係を望んでいる意思が伝わります。

企画の採用を考えてもらいたいとき

OK **ご検討いただけないでしょうか？**

NG 考えてくれませんか？

×何様敬語

「考えてください」は、命令形になるので、目上の方に使うのは失礼にあたります。「考えてください」は、ビジネスシーンでは、「ご検討いただく」などの言葉を使います。

協力をしてもらいたいとき

×NG 手伝ってください。

OK お力添えくださいませんか。

×何様敬語

「力添え」は、他人の仕事を手助けすること、力を貸すことです。「くださいませんか」と相手の考えを伺うことで、より柔らかい表現になります。

知っているかどうかを確認するとき

OK 青柳さんはご存知のはずですが……。

×NG 青柳さんは存じているはずですが……。

×ウチソト逆転敬語

「存じる」は、謙譲語ですので、高めるべき人の行為には使えません。「知っているはずですが」を尊敬語にして、「ご存知のはずですが」と表現します。

見てほしいものがあるとき

OK お見せしたいものがあります。

×NG 拝見していただきたいものがあります。

×ウチソト逆転敬語

「拝見する」は、謙譲語なので相手の行為には用いません。OK例の他に「お目にかける」「ご覧に入れる」などの謙譲語があります。

実際に試すことができるとき

OK よろしければ、お試しください。

NG よろしかったら、お試しできます。

×勘違い敬語

よく耳にする言葉かもしれませんが、「お……できる」は謙譲語ですので、お客様に使うのは誤りです。「お試しください」が、正しい使い方です。

トイレに行きたくなったとき

OK お手洗いをお借りしてもよろしいでしょうか？

NG トイレに行きたいんですけど……。

×何様敬語

ストレートに「トイレ」と言うのではなく、「お手洗い」、女性の場合は「お化粧室」などと言います。「お借りしたい」と頼む形で聞きましょう。

初対面の人に会ったとき

OK 営業部の北村と申します。よろしくお願いいたします。

NG どうも、よろしくお願いします。

×何様敬語

まず、はじめに名乗りを忘れてはいけません。電話のやりとりはしていたけれど、会うのは、はじめてという方には、「一度お目にかかりたいと思っておりました」とつけ加えると好印象です。

相手の意見に納得できたとき

OK そうですね、藤田さんのおっしゃる通りだと思います。

✖NG まぁ、そういう考えもありますよね

×何様敬語

上から目線の発言は、まとまりかけた交渉を壊してしまうかもしれません。議論の末に納得できたら、素直にその気持ちを表現しましょう。

何度も出向いてもらっている訪問者に恐縮をするとき

OK たびたびご足労いただきまして、申しわけございません。

✖NG 何度も来てもらって、すみませんね。

×何様敬語

何度も足を運ばせるのは、それなりの理由があっても、相手には負担のかかるものです。軽い挨拶で終わらせるのではなく、申しわけない気持ちを丁寧に表します。

打ち合わせ中に別の取引先から携帯電話に電話かかってきたとき

OK 失礼いたします（席をはずす）。

✖NG すみません（その場で電話をとる）。

×何様敬語

打ち合わせ中の電話は、避けるのがマナーです。やむを得ない急な連絡と思われるものについては、相手に断ってから席をはずして、早めに切り上げます。

打合せ中の上司に急ぎの連絡が入ったとき

OK 失礼いたします。

NG 失礼します。課長、お電話が入ってます

×ムダ敬語

上司をドアの外まで呼び出して、電話が来ていることを伝えます。もしくは、誰からどんな内容の用件で、急用であるかを要約したメモを上司に手渡しましょう。

持ち帰ることのできる資料があるとき

OK お持ち帰りいただけます。

NG お持ち帰りできます。

×勘違い敬語

「お……できる」は、「お……する」という謙譲語です。相手の能力を問うような質問は失礼ですので、社外の人の行為に用いるのはやめましょう。

打ち合わせ中に急いで確認したい件があると同僚に言われたとき

OK 失礼いたします。すぐに戻ります。

NG ちょっと行ってきます。

×何様敬語

打ち合わせ中の退出は、避けるべきですが、急用であれば、はっきり伝え、迅速に退出しましょう。社外との会議では、基本的に退出はNGです。

資料の提出をしてもらいたいとき

OK
次回、資料をお持ちになってください。

NG
次回、資料をお持ちしてください。

×ウチソト逆転敬語

「お……する」は、謙譲語なので相手の動作には用いることができません。OK例に「恐れ入りますが……」などのクッション言葉を使用すると、さらによいでしょう。

自分の会社の話をするとき

OK
私どもでは……。

NG
わが社では……。

×何様敬語

「わが社」という言葉を使用するのは、社内のみにしましょう。自分の会社を表現したいのであれば、「弊社」「当社」などを使用します。

相手に自分の社長の話をするとき

OK
私どもの社長が申すには……。

NG
うちの社長がおっしゃるには……。

×ウチソト逆転敬語

社外の人に話すときには、身内の言動を尊敬語で表現しないので、この場合も謙譲語を用いて、相手を高めましょう。

後日、連絡が欲しいとき

OK **ご連絡いただければ幸いです。**

NG 連絡をください。

×何様敬語

「連絡をください」は、「ご連絡ください」と表現するべきです。文末を「……幸いです」とすると、依頼する気持ちが柔らかく届きます。

情報がないとき

OK **私どもでは、わかりかねます。**

NG うちではわかりません。

×何様敬語

いくら丁寧語で、「わかりません」と答えても、断定的で相手への印象はあまりよくないでしょう。「〜かねます」と加えれば、柔らかくなります。

責任がないと言うとき

OK **当店では、責任を負いかねます。**

NG うちの店では、責任を負えません。

×何様敬語

「〜かねる」は、「しようとしてもできない」という意味になります。責任がない場合だからこそ、はっきり丁寧にできかねることを伝えましょう。

自分だけ特別扱いしろと言われたとき

OK お客様だけ、そのような扱いは、いたしかねます。

×NG お客様だけ、そのような扱いは、いたしかねません。

×勘違い敬語

「……かねる」は、これだけで否定の言葉。つまり「いたしかねません」とは、「できないこと」は「ない」という否定の否定となり、できるという意味になってしまいます。

深く謝罪をするとき

OK 謹んでお詫び申し上げます。

×NG 本当にすいません。

×何様敬語

この謝罪は、最上級のお詫びです。「謹んで」は、「敬意を表して、うやうやしく物事をするさま」という意味があります。「深くお詫び申し上げます」も同じように丁寧な表現です。

今後の対応を伝えるとき

OK 以後、このようなことのないようにいたします。

×NG これから気をつけます。

×何様敬語

「する」の謙譲語「……いたす」と丁寧語「ます」を使うことで、敬意を表しています。謝罪なので特に丁寧な言い方を心がけましょう。

Ｍ＆Ａを報告するとき

OK 合併することで合意いたしました。

NG 合併することで合意させていただきました。

×ムダ敬語

「合意させていただきました」は、謙譲語を用いているのですが、合併とはあくまで互いの合意です。この場面に「させていただく」という表現はなじみません。

謝罪をするとき

OK 陳謝いたします。

NG 謝ります。

×何様敬語

ＯＫ例の「陳謝」とは、事情を述べて謝ることを意味します。話し言葉においては、「お詫び申し上げます」のほうが伝わりやすいでしょう。

応接室で食事を勧められたとき

OK どうぞ、お構いなく。

NG 大丈夫です、なにもいりません。

×若者言葉

本当にいらないとしても「いらない」と断るのは配慮に欠けます。また、何度も断るのも逆に失礼になります。応えることもマナーです。

食事を出されたとき

OK

ありがとうございます。いただきます。

NG

すみません。

×何様敬語

日常会話の「すみません」「ごめんなさい」は、ビジネスシーンでは避けるようにします。お礼を言うときは「ありがとうございます」と気持ちよく言いましょう。

取引先の社長が本を出版しているとき

OK

（御社の）社長のご高著《こうちょ》を拝読いたしましたが……。

NG

御社の社長の書いた本を拝見いたしましたが……。

×何様敬語

大先輩や取引先の社長など敬うべき人の著書は、「ご高著」と表現します。「ご高著を拝読いたしました」は一つのフレーズとして、覚えておきましょう。

次のアポイントがありこの打ち合わせを終えるとき

OK

では、本日はこのようなところでしょうか。

NG

すみません、次の予約があるもので……。

×何様敬語

次の約束があったとしても、話を無理やり切り上げて終わらせるのは、よくありません。切りのよいところで、「……でしょうか」と柔らかく確認を促します。

相手が見送りを辞退したとき

OK

それでは、こちらで失礼いたします。

×NG

では、ここで。

×何様敬語

わざわざ出向いてもらった取引先の方は、一般的に出口までお見送りします。良好な話し合いができたあと、最後まで丁寧にお見送りができるとさらに好印象です。

コートを渡すとき

OK

こちらでお召しになってください。

×NG

どうぞ、ここで着てください。

×何様敬語

「召す」は、「着る」の他に「風邪をひく」「気にいる」「年をとる」といった動詞の尊敬語として使われます。さまざまな場面に使用できますので、覚えておきたい言葉です。

連絡すると伝えるとき

OK

では来週、ご連絡いたします。

×NG

近いうちに電話します。

×何様敬語

「近いうち」とは、いつなのか受けとめ方は人それぞれで違います。少し考えたい案件などの回答は確実な期日が言えなくても、目安になる期間を伝えると相手も安心します。

雨が降りはじめ傘をお渡しするとき

OK

よろしければ、こちらをお持ちください。

NG

傘を持っていないんですね。この傘を使ってください。

×何様敬語

「ください」を使うと命令と捉えられるかもしれません。「よろしければ」とクッション言葉をおいて尊敬語に変えると、より丁寧になります。

伝言を残すとき

OK

(自分の名前)が、参りましたことをお伝え願えますか。

NG

(自分の名前)が、来たとお伝え願えますか。

×何様敬語

取引先に出向いて、担当者がいないときもあるでしょう。そんなときは、「来た」を「参りました」「伺いました」と表現すると大人の話し方になり、好印象を残せるでしょう。

訪問先の人に上司の伝言を伝えるとき

OK

課長の中山がよろしくと申しておりました。

NG

中山課長がよろしくとおっしゃっておりました。

×ウチソト逆転敬語

社内の者の言動を社外の人に伝えるときは、身内を紹介する用法と同じく謙譲語を用います。尊敬語の「おっしゃる」は、使用しません。

上司、同僚の休みを伝えるとき

OK 本日休みをとっております。

NG 本日は休みをいただいております。

×勘違い敬語

「もらう」の謙譲語「いただく」を用いていますが、話し相手から休みをもらったのではありません。「いただく」は、「くれる」人を高める言葉です。

取引先の部長の伝言を伝えるとき

OK 御社の部長がおっしゃっていました。

NG 御社の部長が申されました。

×勘違い敬語

「申す」は、「言う」の謙譲語です。へりくだった言い方なので、目上の人の「言う」という行為を表すときに用いません。尊敬語の「おっしゃる」を用いて高めましょう。

用件を上司に伝えると約束をするとき

OK 上司に申し伝えておきます。

NG 上司に申し上げておきます。

×ウチソト逆転敬語

「申す」「申し上げる」は、どちらも「言う」の謙譲語です。しかし、「申し上げる」は、「言う」相手を高めます。自分の上司に伝えるときは「申し伝える」と表現します。

商談決裂のとき

OK

本日はありがとうございました。
今後ともよろしくお願いいたします。

NG

これまでありがとうございました。
それでは、さようなら。

× 何様敬語

もう会うことがないと思っても、ビジネス上「さようなら」という言葉は、使用しません。今後もどこかで会うかもしれませんので、その先を考えた大人の挨拶で終わりましょう。

訪問先で上司への伝言を頼まれたとき

OK

かしこまりました。
納品の件、確かに木村に申し伝えます。

NG

わかりました。
納品の件、木村にお伝えします。

× ウチソト逆転敬語

「お伝えする」は、「伝える」相手を高めますから、社内の木村さんを高めることになります。謙譲語の「申し伝える」を用いて聞き手を高めましょう。

打ち合わせを切り上げるとき

OK

本日はありがとうございました。

NG

ではそろそろ……。

× 何様敬語

だらだらとながびく打ち合わせを終わらせるのは、簡単ではありません。感謝の気持ちを過去形で表すことで、「終わりましょう」の気持ちを相手に伝えます。

取引先の会社を出るとき

OK 失礼いたします。

NG では、さようなら……。

×若者言葉

「さようなら」は、別れのときに使用する言葉なので、ビジネス上では基本的に使用しません。社外では「失礼いたします」を使います。

アポイントなく訪問をして帰るとき

OK 次回はご連絡してから参ります。

NG 今度は連絡入れてから来ます。

×何様敬語

アポイントもとらずに突然来た人から、このような一言を聞くだけで、相手は安心するでしょう。さらに丁寧に言うときは、「伺います」を使います。

次回の約束をとりつけるとき

OK 次回の打ち合わせですが、ご都合のよい日を教えてください。

NG 次はいつやりましょうか？

×何様敬語

尊敬語の「ご都合」に「教えてください」を合わせています。相手の意向を尋ねる「教えていただけますか？」のほうが、より丁寧なフレーズになります。

充実した打ち合わせになったとき

OK

貴重なお話を聞かせていただき、ありがとうございました。

×NG

参考になる話をありがとうございました。

×何様敬語

「参考」とは、「他の意見や事例・資料などを引き合わせて、判断の手がかりにすること」を意味します。相手の貴重な話を情報の一端と表現するのは、失礼です。

連絡がほしいと伝えるとき

OK

ご連絡をお待ちしております。

×NG

ご連絡のほう、お待ちしています。

×バイトマニュアル敬語

商談や打ち合わせの最後に「……ほう」と婉曲な表現をしていては、相手を不安にさせてしまうかもしれません。バイト気分を捨て、はっきりと言い切りましょう。

上司の訪問予定を伝えるとき

OK

弊社の部長が、明日伺う予定です。

×NG

弊社の部長が、明日いらっしゃいます。

×ウチソト逆転敬語

部長の名前を出す場合は、「部長の田中が」「弊社の田中が」などの表現でもよいのですが、「いらっしゃいます」は、部長を高める尊敬語なので、社外の人と話すときはNG。

次の連絡の約束をするとき

OK

企画書をお持ちいたします。

NG

企画書のほう、持ってきます。

×バイトマニュアル敬語

「お待ちいたします」「お願いいたします」「お引き受けいたします」など、「お……いたします」は、ビジネスシーンではよく使われる表現です。覚えておきましょう。

商談や打ち合わせのあと来客を見送るとき

OK

本日はありがとうございました。

NG

今日はお疲れ様でした。

×何様敬語

「お疲れ様です」という言葉は、基本的に社内で使う言葉です。この場合は、商談、打ち合わせに時間を割いていただいてありがとうという、感謝の言葉を述べたほうがよいでしょう。

来客が帰るとき

OK

お忘れ物をなさいませんように。

NG

お荷物をお忘れなく。

×何様敬語

「お荷物」は、「重荷に感じられるもの。負担となるもの」を意味することがあります。マイナスイメージの意味を持つ言葉は、極力使用を避けましょう。

相手が見送りをしてくれたとき

OK ありがとうございます。

NG わざわざすみませんね。

×何様敬語

「わざわざ」には、「しなくてもよいことをことをさらにする」というマイナスの意味がありますので、使用は避けましょう。端的に感謝の言葉を用います。

来客を駅まで送るとき

OK 駅までお送りいたします。

NG 駅まで送ります。

×何様敬語

自分を低めて、相手を高める謙譲語「お……いたす」を用いて、「お送りいたします」と表現します。言葉と言い方は、ワンセットなので柔らかいトーンで伝えましょう。

〈社外の人に対しての言葉〉

アフター5などで雑談をするとき

相手の上司や同僚の様子を尋ねるとき

NG 藤田さんは、お元気ですか？

OK 藤田さんは、お元気でいらっしゃいますか？

×何様敬語

話し相手だけでなく、その友人や同僚のことを尋ねるときにも、敬語を使用しましょう。「いる」の尊敬語「いらっしゃる」を用います。

贈りものを渡すとき

OK 形ばかりではございますが……。

NG どうぞ。

×何様敬語

このフレーズは、「つまらないものですが」と同じように、謙遜して言う場合に使います。「しるしばかり」も同じように使われます。

お礼を渡すとき

OK ほんのお礼の気持ちです。

NG すみません、これ……。

×若者言葉

心から感謝をしていても、思いをぶつけてしまうと、重い表現になってしまうかもしれません。相手が受け取りやすくするためにも、控えめな言葉とともにお渡ししましょう。

お土産を渡すとき

OK お気に召していただけたら、嬉しいのですが……。

NG 気に入ってもらえたらいいんですけど。

×何様敬語

「気に入る」「好む」の尊敬語「お気に召す」を用いて、渡す相手を立てます。こちらの気持ちは、「嬉しいのですが」と控えめに伝えます。

天気の話をするとき

OK 雨が降っております。

NG 今、雨が降ってらっしゃるようです。

×ムダ敬語

NG例だと、「雨」に尊敬語を使っていることになります。聞き手に敬意を払うときは、「おります」を使い、「今、雨が降っております」と言いましょう。

取引先の社長と会った翌日
その会社の人と会ったとき

OK

昨日、御社の社長にお目にかかりました。

NG

昨日、お宅の社長に会いましたよ。

×何様敬語

「お宅」という言葉は、会社など団体をさすときには使いません。そして「会いましたよ」では、敬意が足りないので謙譲語を使い、「お目にかかりました」に直しましょう。

社内の人の所在を聞かれたとき

OK

御社に向かっているかと存じます。

NG

御社に向かっているかと思うんですけど……。

×何様敬語

「思う」の謙譲語「存じる」を使用して、話し相手に敬意を払っています。「存じます」は、丁寧な言い方です。NG例の「思うんですけど」とにごすのは社会人の言葉として、ふさわしくありません。

食事のあと感謝の気持ちを
伝えるとき

OK

大変おいしくいただきました。ありがとうございました。

NG

ありがとうございます。

×何様敬語

ただ単に「ありがとうございました」という感謝の気持ちを述べるだけではなく、食事会や食事の感想を伝えると、相手により気持ちが伝わると思われます。

仕事の調子を聞かれたとき

OK

（御社の）みなさんに指導していただいております。

×NG

なんとかやってます。

×若者言葉

丁寧な敬語を選び、具体的、かつ謙虚にハキハキと答えましょう。「いただく」は、ビジネスシーンでよく使われる謙譲語です。

手土産を渡すとき

OK

こちらみなさんで召し上がってください。

×NG

これみなさんで食べてください。

×何様敬語

「いただく」は、「食べる」の謙譲語、「召し上がる」は、「食べる」の尊敬語です。目上の人に「食べてください」と言うときは、「召し上がってください」と言います。

よく知っている人の話が会話に出たとき

OK

その方ならよく存じ上げています。

×NG

その方ならよくご存知の方です。

×勘違い敬語

「存じ上げる」は、謙譲語で自分側の行為にしか使用しません。名詞の「ご存知」は尊敬語なので、自分の行為には、使用しないように気をつけましょう。

映画の話になったとき

OK 今話題の映画はご覧になりましたか。

NG 今話題の映画はご覧になられましたか。

×二重敬語

「ご覧になる」は、高める相手に用いる尊敬語です。その動詞に尊敬語の「られる」を合わせた二重敬語です。親しい相手なら「観られましたか」でもOK。

利用する交通機関を確認するとき

OK 電車を利用されるのですか？

NG 電車をご利用されるんですか？

×勘違い敬語

「ご……される」は、間違い敬語だとされています。別の言い回しだと、「電車を利用なさるのですか？」「電車を利用していらっしゃるのですか？」などに言い換えることができます。

海外出張の話題が出たとき

OK 来月アメリカにいらっしゃるそうですね。

NG 来月アメリカに参られるそうですね。

×勘違い敬語

「参る」は、「行く」の謙譲語です。高める人の行動に謙譲語を使用するのは、不適切です。高める人の行動には、尊敬語を用いましょう。その他に「おいでになるそうですね」も◎です。

お願いをするとき

OK 身勝手なお願いとは、承知しておりますが……。

NG 勝手なお願いなんですけど……。

×何様敬語

自分のお願いを言うのですから、まずは切に願うようなクッション言葉を用いましょう。「身勝手なお願い」という言葉を大人の表現として、覚えておきましょう。

叔父さんを知っている仕事関係の人との会話のとき

OK 叔父は、仕事のことについてよく話をしてくれます。

NG 叔父は、仕事のことについてよくお話しくださいます。

×ムダ敬語

叔父さんは身内なので、他の人に話すときは、叔父さんの行為に尊敬語を使用してはいけません。シンプルに「話してくれます」と丁寧語を用いましょう。

資料の手配をお願いするとき

OK こちらの資料をご用意いただきますようお願いします。

NG こちらの資料をご用意できますか？

×勘違い敬語

「ご用意いいただく」という謙譲語を使用します。「……できますか」という、可能かどうか、相手の能力を試すような聞き方は、避けましょう。

相手が到着したことを伝えるとき

OK
お客様が到着なさいました。

NG
お客様がご到着になられました。

×二重敬語

NG例は、尊敬語「ご……になる」に「れる」を重ねた二重敬語です。OK例の「到着なさいました」の他、「お着きになりました」でもOKです。

食べ物の好みを聞くとき

OK
和菓子はよく召し上がりますか?

NG
和菓子はよくお召し上がられますか?

×二重敬語

「召し上がる」は、「食べる」の尊敬語です。それだけで丁寧ですが、「お召し上がりになりますか」は、定着している言い方として認められています。

関係者以外立ち入り禁止の場所で訪問者と出会ったとき

OK
失礼ですが、どのようなご用件でしょうか?

NG
ここは関係者以外立ち入り禁止です。

×何様敬語

立ち入り禁止区域に、知らない人がいれば、確認をしなければなりません。厳しく注意するのではなく、まずは、クッション言葉を用いて、相手の心を開きましょう。

グループの成果が認められ賞を受賞したとき

OK 部下のおかげで、このような場に来ることができて幸せです。

NG 部下のおかげでここに来させていただき幸せです。

×勘違い敬語

部下に感謝する気持ちは伝わりますが、多くの人の前で間違い敬語を使用すると、逆にチーム全体の社会人力が疑われてしまいます。

事前の報告がほしいとき

OK 事前にお知らせいただけますか？

NG 事前にお知らせしていただけますか？

×勘違い敬語

NG例は、「お知らせしていただく」という謙譲語です。一見、OK例と似ていますが、「して」が入ると高める対象が変わりますので、要注意！

カラオケで歌を歌うとき

OK ……（曲名）を歌います。

NG ……（曲名）を歌わさせていただきます。

×ムダ敬語

勤務外にカラオケに行ったとしても、歌うのに許可はいらないでしょう。「させていただきます」病から脱しましょう。

両親の職業を聞かれたとき

OK

父は商社で働いており、母は専業主婦をしております。

NG

お父さんは商社で働いていて、お母さんは専業主婦をしています。

×若者言葉

両親のことを「父」「母」と言い換え、「います」より丁寧な言い方「おります」を使用します。このような言い方が、力まず、素直に言えるようになると◎。

持ちものを褒めるとき

OK

いい鞄をお持ちでいらっしゃいますね。

NG

いい鞄でいらっしゃいますね。

×ムダ敬語

「いらっしゃる」は、「来る」「行く」「居る」の尊敬語で、ものには用いません。高める人の持ちものを褒める場合は、その人を主語にするとよいでしょう。

食事を振る舞うとき

OK

遠慮なく召し上がってください。

NG

遠慮なくいただいてください。

×勘違い敬語

この場合の「いただく」は、「食べる」の謙譲語です。「どうぞ召し上がって」と言うべきところを「どうぞいただいて」と言う間違いも増えています。

見送ろうかと言われたとき

OK

ありがとうございます。こちらで結構ですので、お気遣いなくお願いいたします。

NG

見送ってくださらなくて、結構ですので。

×何様敬語

「くださる」と丁寧な言葉を使用しても、ストレートすぎる表現です。感謝の言葉を述べながら、「お気遣いなく」と丁寧に断りましょう。

体調を気遣うとき1

OK

ご病気と伺いましたが、お加減はいかがですか？

NG

ご病気でお体のお具合が、お悪いとお聞きしましたが、お具合はいかがですか？

×バイトマニュアル敬語

「お加減」は、高めるべき人の健康状態を言うときに使います。NG例は、まわりくどいので、すっきりした表現に直しましょう。

体調を気遣うとき2

OK

お風邪など召しませんよう、お気をつけください。

NG

風邪などをひかれませんよう……。

×何様敬語

「風邪をひく」を尊敬語にすると、「お風邪を召す」となります。手紙やメールでも使うことができます。「ひかれませんよう」では、幼い印象を与えます。

〈社外の人に対しての言葉〉

接客をするとき

商品説明をするために時間をもらうとき

OK 今、お時間をいただいてもよろしいですか？

✖NG 今、お時間よろしかったでしょうか？

×ムダ敬語

今の話をしているのに、意味もなく過去形にするのは違和感を与えます。また、相手に失礼なので、「いただいても」を省略しないようにしましょう。

自分では答えられない質問を受けたとき

OK 担当者にお聞きになっていただけますか？

✖NG 担当者に伺ってください。

×ウチソト逆転敬語

「伺う」は、謙譲語なので、お客様の行為に用いるものではありません。「伺う」は、自分の行為が向かう相手を立てる言葉のため、同じ社内の担当者を高める言葉になってしまいます。

館内、社内を紹介するとき

OK ご案内いたします。

NG ご一緒に参りましょう。

×勘違い敬語

「参る」は、自分がへりくだり、相手を立てるために使用する謙譲語です。「ご一緒に」とつけると、相手まで低めてしまいますので×。

お客様が移動しようとしているとき

OK どちらへいらっしゃいますか？

NG どこへ参られますか？

×勘違い敬語

OK言葉は、「どこへいきますか」の尊敬語です。「参る」は、謙譲語なので自分に使用しますが、高める人に使用はできません。「行かれますか？」は、敬意の低い表現になります。

自分でミスをしたとき

OK 大変申しわけございません。私の不徳のいたすところです。

NG 私のせいかもしれないです。すいません。

×若者言葉

「不徳」とは、身に徳が備わっていないことを意味します。OK例は、「自分のせいでひき起こしてしまった失敗です」と謙虚に表現した言葉です。

連絡先を聞くとき1

OK

お電話番号を教えていただけますでしょうか？

✖NG

お電話番号をいただけますか？

×勘違い敬語

当然のことながら、電話番号はもらうものではありません。「教えていただく」もしくは、「お伺いする」を用いての正確な日本語で尋ねましょう。

連絡先を聞くとき2

OK

差し支えなければ、ご連絡先を教えていただけますでしょうか？

✖NG

ちょっと連絡先を教えてください。

×何様敬語

OK例のクッション言葉は、「もし都合が悪ければ、拒否してもらってもよいですよ」というニュアンスを持っていますので、非常に謙虚なフレーズです。

お客様の車が来たとき

OK

車が到着しました。

✖NG

車が到着なさいました。

×勘違い敬語

人ではなく、ものや動物に敬語は使用しません。「なさる」は車についての尊敬語なのでNG。「いたす」は、聞き手に敬意を払う謙譲語なので、OK。

姉の職場の人と会ったとき

OK
いつも姉がお世話になっております。

NG
いつもお姉ちゃんがお世話になっております。

×若者言葉

「お姉ちゃん」を「姉」に変換します。社会人としては、普段から尊敬語や謙譲語だけではなく、家族を表す基本的な言葉も使えるようにしておきましょう。

お客様の荷物を預かるとき

OK
お荷物をお預かりいたします。

NG
荷物を預かっときます。

×若者言葉

気のおけない友達同士の会話ではよいと思いますが、お客様に対しては厳禁です。「お……いたす」という謙譲語で丁寧に表現しましょう。

予約していた人が来たとき

OK
山田様でいらっしゃいますね。お待ち申し上げておりました。

NG
山田様でございますね。お待ちしていました。

×勘違い敬語

尊敬語の「いらっしゃる」を用いて、相手を高めます。さらに謙譲語の「申し上げる」を使用し、自分を低め、相手を高めています。お客様向けのフレーズです。

サービスを利用できないとき

NG ご利用できません。

OK **大変申しわけございませんが、ご利用いただけません。**

×勘違い敬語

「ご利用できる」は、利用するの謙譲語です。目上の人やお客様に使う表現としては誤りです。「大変申しわけございませんが」などのクッション言葉を入れて伝えます。

無理な要望を突きつけられたとき

OK **あいにく、その件につきましてはいたしかねます。**

NG それはできません。

×何様敬語

「いたしかねます」は、「いたす」という謙譲語と「かねます（実行することが難しいという意味）」を合わせた敬語です。「できません」は、ストレートすぎます。

商品を見ているお客様に声をかけるとき

OK **なにかお探しでいらっしゃいますか。**

NG なにかお探しですか。

×何様敬語

なにかを探している行動に、尊敬語の「いらっしゃる」をつけ、相手を高めます。「お探しですか」とシンプルな丁寧語でも悪くはありませんが、「いらっしゃる」を使うとより丁寧になります。

会計をするとき

OK

1万円、お預かりいたします。

×NG

1万円から、お預かりいたします。

×バイトマニュアル敬語

NG例は、違和感を覚える表現としてよく取り上げられる表現です。「から」の意味は諸説ありますが、使わないほうが無難です。

禁煙場所で煙草を吸っている人を注意するとき

OK

ここではタバコはご遠慮ください。

×NG

タバコは吸わないでください。

×何様敬語

禁煙場所でも、ストレートに表現すると相手と揉める原因になるかもしれません。一歩引いた言葉の選択が、トラブルを防ぐでしょう。

注文した品を確認するとき

OK

コーヒーでよろしいでしょうか？

×NG

コーヒーでよろしかったでしょうか？

×バイトマニュアル敬語

無意味に過去形にしてしまうこのフレーズは、バイトマニュアル言葉の代表格です。これらの言葉から脱することが社会人の第一歩です。

知人の自宅を初めて訪ねたとき

×NG

渡辺さんのお宅でいらっしゃいますか？

OK

渡辺さんのお宅でしょうか？

×ムダ敬語

「いらっしゃる」は、「いる」の尊敬語です。家や車などのものには使用しません。丁寧な言葉を使おうと、意識しすぎると、間違えた言葉遣いになってしまうことがありますので気をつけましょう。

〈社外の人に対しての言葉〉

パーティーやセミナーなどに出席をしたとき

知らない人を確認するとき

NG　あの人は、誰ですか？

OK　**あちら様（あの方）は、どなたですか？**

×何様敬語

「誰」の尊敬語「どなた」を用います。気をつけていても、普段使用している言葉が出るものです。普段から丁寧な言葉を使うようにしましょう。

講演などで質問を受けつけるとき

NG　誰か質問はありますか？

OK　**ご質問がある方はいらっしゃいますか？**

×何様敬語

ここでは質問を探しているのではなく、質問を持った人を探していますので、「ある」ではなく、「いる」の尊敬語の「いらっしゃる」を用います。

書類を受け取ってもらいたいとき

OK

書類は窓口でお受け取りください。

NG

書類は窓口でいただいてください。

×ウチソト逆転敬語

「いただく」は、謙譲語なので、自分側の行動にしか用いることができません。この場合、「お受け取りください」という尊敬語を使用するとよいでしょう。

来場者にアナウンスするとき

OK

お戻りになった方は受付にお声をかけてください。

NG

お戻りになられた方は受付にお声をおかけください。

×二重敬語

丁寧に述べようと「お」を多用すると、かえってわかりづらくなってしまいうこともあります。敬語を過不足なく使用しましょう。

資料が欲しい人という人に渡すとき

OK

ご要望の方は、お申し出ください。

NG

欲しい人は、言ってください。

×何様敬語

「申し出」の「申す」は、謙譲語として使用されているのではなく、改まった言い方として使われています。ＯＫ例は、尊敬語と組み合わせた形で使っています。

記念品を持って帰ってもらうとき

OK
記念品をご用意しましたので、お帰りの際、お持ちになってください。

NG
記念品をご用意しましたので、お帰りの際にいただいてください。

×ウチソト逆転敬語

「いただく」は、謙譲語なので、相手の行為には使用しません。尊敬語の「お持ちになってください」を用います。

相手を接待するとき

OK
来週あたり、一席設けさせていただきたいのですが……。

NG
来週、接待させてください。

×何様敬語

相手の都合のよい日を聞きながら調整をするためにも、時間の幅を持たせた表現をしましょう。お願いをしたあと、「よろしいでしょうか」と確認を忘れないようにします。

飲みものを注文するとき

OK
お飲みものはなにがよろしいでしょうか？

NG
ビールでいいですか？

×何様敬語

居酒屋で一杯目は、ビールを頼む人が多いからといって、決めつけたりしてはいけません。なにが飲みたいのか、きちんと丁寧に聞きましょう。

二次会に誘うとき

✖ NG

次行きますか？

OK

お時間がありましたら、もう一軒、おつき合い願えますか？

×何様敬語

一次会で打ち解けたと思って、くだけすぎないようにしましょう。親しき仲にも礼儀あり。相手の都合を確認し、お願いするスタンスで尋ねましょう。

第五章

電話での会話

〈電話での会話〉

電話をかけるとき

帰社予定時間を過ぎて会社に電話をするとき

✖NG 打ち合わせが延びたんで、19時くらいになると思います。

OK **打合せが長引きまして、19時に帰社いたします。**

×何様敬語

予定の時刻より帰社時刻が、遅くなりそうなときは前もって連絡をしておきます。具体的に何時になるのかをきちんと報告することが、大切です。

会社に電話するとき

✖NG あっ、どうも、……(自分の名前)です。

OK **……(自分の名前)です。お疲れ様です。**

×若者言葉

部署が多い会社では、頭に部署名をつけて「……部の……です」と伝えるとよりよいでしょう。「あっ」「あの」などは、「会話のノイズ」と呼ばれます。できるだけ使わないようにしましょう。

朝早くかけるとき

OK 早朝から恐れ入ります。

NG 朝からすみません。

×何様敬語

就業のはじまりは、どこの会社も朝礼や業務報告などの始業準備で慌ただしい時間帯です。軽い挨拶だけではなく、申しわけない気持ちを表します。

昼食どきにかけるとき

OK 昼食どきに申しわけございません。

NG こんにちは。

×何様敬語

お昼どきは食事をしていることもあるので、なるべく電話をかけることは、避けたほうがよいでしょう。急用でやむを得ない場合は、お詫びの気持ちを表現しましょう。

夜にかけるとき

OK 夜分に申しわけございません。

NG こんばんは。

×何様敬語

個人宅にかける場合には、20時以降は避けるようにします。必要な場合は断りの言葉を入れて、相手の都合を確認してから用件に入りましょう。

取引先の会社にかけるとき

OK いつもお世話になっております。A社の田中でございます。

×NG どうもA社の田中でございます。

×何様敬語

取引のある会社で何度も取り次いでもらったことのある相手でも、自分の名前だけ言うのではなく、しっかり挨拶をしてから取り次いでもらいましょう。

取引のない会社へかけるとき

OK 恐れ入ります。私、A社の田中と申します。

×NG すみません、A社の田中でございます。

×勘違い敬語

取引のない会社に電話をかけるときは、より丁寧に敬語に気をつけると好印象です。「……と申します」という言い方は面識のない相手に用いる言い方です。

自分への連絡があるかどうかを確認するとき

OK 私あての連絡などが入っておりますでしょうか。

×NG なにか伝言、入っていないですか？

×何様敬語

電話を受けた人は、伝言係ではありません。社内の人とはいえ、丁寧な言葉で確認をお願いすると対応がスムーズになり、余裕のある行動につながります。

相手が伝言を承りましょうかと聞いてきたとき

OK そうですか。それでは、恐れ入りますがご伝言をお願いできますでしょうか？

NG それでは……と伝えてください。

×何様敬語

相手から伝言を「承りましょうか」と聞かれた場合でも、すぐに用件を伝えると相手も戸惑って聞き逃すかもしれません。確認してから伝えるとスムーズです。

伝言をこちらから頼むとき

OK 恐れ入りますがご伝言をお願いできますでしょうか？

NG ちょっと伝えてもらいたいんですけど……。

×何様敬語

「恐れ入りますが」は、お願いする場面でよく使われます。相手の準備も考えて「お願いできますでしょうか？」と一度聞いてから用件を話します。

自分が電話したことを伝えてほしいとき

OK 佐藤から電話がありましたことをお伝えいただけますか？

NG 私が電話したと伝えてください。

×何様敬語

はじめに名乗っていたとしても、伝言をお願いしたときはもう一度名乗り、丁寧にお願いする言い方にします。「伝えてください」は、一方的な押しつけになります。

伝言を受けるとき

OK よろしければ、ご伝言を承りましょうか。

×NG 本人になにか伝えますか。

×何様敬語

相手から「伝言をお願いします」と言われる前に、話しぶりから察し、こちらから切り出すのがよい電話対応です。声のトーンや間に注意してみましょう。

伝言の依頼者の名前を聞くとき

OK 失礼ですが、お名前をお聞かせ願えますか。

×NG あなたのお名前を教えてください。

×何様敬語

唐突に名前を聞くのは非常に失礼です。まずは、クッション言葉を用いて、相手にお伺いを立てます。「恐れ入りますが……」も使用できます。

用件を伝えるとき

OK 申し上げてもよろしいでしょうか？

×NG では、いいですか？

×何様敬語

伝言をお願いするときは、メモをとってもらう場合もあります。「いいですか」「言いますよ」と高圧的な言葉ではなく、「よろしいですか？」と確認してから用件を言います。

遅れている返答を催促するとき

OK

ご検討いただけましたでしょうか？

NG

どうなっているかだけでも教えてもらえませんか？

×何様敬語

懸案の課題の回答は早く欲しいものですが、相手を責めるようにストレートな言葉で「まだですか」「どうですか」と聞いては失礼になります。

郵送した書類が届いたかを確認するとき

OK

先日、ご案内の書類をお送りしたのですが、お手元に届きましたでしょうか？

NG

先日、案内を送らさせていただいたのですが、お手元に届きましたでしょうか？

×ムダ敬語

「送らさせて」は、不要な「さ」が入った「さ入れ言葉」です。「送らせて」と「さ」を抜けば、文法的には誤りではありませんが、「お送りした」のほうがすっきりした表現です。

お客様に必要な持参物を伝えるとき

OK

当日は、お送りした予約確認書をお持ちになってください。

NG

当日は予約確認書をご持参してください。

×勘違い敬語

「ご持参」の「参る」は、謙譲語です。「ご持参」自体は、謙譲語ではないとの見解もありますが、尊敬語「お持ちになる」を用いたほうがよいでしょう。

電話中で少々お待ちくださいと言われたとき

OK
恐れ入ります。

NG
はい。

×何様敬語

「お待ちください」と言われたとき、「はい」と返事をする人を見受けますが、「恐れ入ります」と相手に配慮した言い方をするのが、本来のビジネスマナーです。

自分で会社に電話をするとき

OK
……(自分の名前)です。お疲れ様です。

NG
どうも、……(自分の名前)です。

×何様敬語

名前を伝えたあと、一言、添えます。「お世話になっております」という社外の人への挨拶と同じように、それぞれの職場の挨拶を定型文として覚えておきましょう。

会社に電話をすると同僚が出たとき

OK
部長はいらっしゃいますか。

NG
部長はおりますか。

×勘違い敬語

「おります」は、謙譲語です。社内の人に話すときには、社内の上司を高め、尊敬語「いらっしゃる」を用いましょう。

携帯電話にかけるとき

OK ……(自分の名前)でございます。今お話ししてもよろしいでしょうか？

NG ……(自分の名前)でございます。例の件ですが……。

×何様敬語

携帯電話にかけた場合、相手がどのような状況にいるかわかりません。唐突に用件を話し出すのではなく、相手の都合を確認して、今、よい状況か聞きます。

業務時間外に電話をかけるとき

OK こんな時間に申しわけありません。実は至急ご連絡したいことがあるのですがよろしいですか？

NG 急用なんですが……。

×何様敬語

いくら急用でも相手を気遣う言葉は忘れてはいけません。また、基本的に業務は時間内で終え、残った仕事は、翌日にまわすのがマナーです。

担当者を呼び出してもらうとき

OK 私、A社の○○と申します。いつもお世話になっております。営業部の田中様はいらっしゃいますか？

NG 田中さん、いらっしゃいますか？

×何様敬語

まずは、自分がどこの会社の誰なのかを相手に伝えます。そのあと、丁寧な言葉を選び、どの部署の誰を呼んでほしいのか、明確に告げましょう。

はじめて電話をした会社の担当者を呼び出したとき

OK

お呼び立てして申し訳ありません。私、A社の○○と申します。今、お話ししてもよろしいでしょうか？

×NG

あ、杉浦さんですか？

×何様敬語

唐突に名前を聞くのではなく、呼び出したことのお詫びと挨拶をしてから、本題に入ります。今、相手に電話をする時間があるのかの確認も忘れずにしましょう。

忙しい時間帯にかけたとき

OK

お忙しいところ申しわけございません。

×NG

今、忙しいですか？

×何様敬語

忙しい時間と思われる時間帯は避けたほうが、よいでしょう。忙しい時間と認識していながら、「忙しいですか？」と聞くのは相手を不愉快にします。

相手の都合を確かめるとき

OK

今、お話ししてもよろしいでしょうか？

×NG

今、いいですか？

×何様敬語

すでに電話をとっているので、話をする許可などいらないと思っている人もいますが×です。相手へ今、用件を聞いていただけるのかと、確認することが必要となります。

席をはずしていたので
かけ直すとき

OK
席をはずしておりまして、申しわけございませんでした。

NG
立て込んでまして、電話がとれず、すみません。

×何様敬語

「申しわけありません」「申しわけございません」は、謝罪の基本です。謝罪の内容やシーンに合わせて使い分けましょう。

担当者が不在で他の人を
お願いするとき

OK
××の件ですが、他におわかりになる方はいらっしゃいますか？

NG
他にわかる人に代わってください。

×何様敬語

どんなに急いでいたとしても、言葉遣いは丁寧に。さまざまな案件を扱っているケースも多いので、案件名もはっきり伝えます。

担当者がいつ戻るのかを
確認するとき

OK
恐れ入りますが、いつ頃お戻りのご予定ですか？

NG
いつ頃お戻りになられますか？

×二重敬語

尊敬語「お……名詞」と尊敬語「なられる」を用いた二重敬語です。不躾にならないようにクッション言葉を使いましょう。

応対者の名前を尋ねるとき

OK 恐れ入りますが、お名前を教えていただけますでしょうか？

NG 名前を言ってもらえますか？

×何様敬語

「教えていただけますか」の他に、「伺ってもよろしいですか」「承ります」などたくさんの尋ね方があります。唐突に聞くのではなく、クッション言葉を用いましょう。

相手の名前を聞き逃してもう一度聞くとき

OK 大変申しわけございません。もう一度お名前を伺ってもよろしいでしょうか？

NG 名前をもう一回言ってください。

×何様敬語

再度聞く失礼をまず、お詫びします。名前を何回も聞き返されるのは、気持ちのよいことではありません。はじめにきちんと謝ってから、相手の気持ちに配慮した言葉を選びましょう。

取引先の部長にかけるとき

OK 部長の杉浦様にお取り継ぎいただけますか？

NG 部長様はいらっしゃいますか？

×二重敬語

「役職」に「様」は二重敬語ですが、「杉浦部長」であればOKです。その役職の人が複数いる場合、連絡するときは、基本的に役職だけではなく、名前を伝えるようにしましょう。

役職のない人に取り次いでもらうとき

OK

鈴木様はおいでになりますか？

NG

鈴木さんはおられますか？

×勘違い敬語

役職のない人は、「様」を用います。ただし、長年つき合いがある人で、普段から○○さんと呼んでいるのならば、「さん」づけで構いません。

返事を急いでいるとき

OK

恐れ入りますが、おわかりになりしだい、至急お電話いただけると助かります。

NG

急いでいるので、すぐにお電話ください。

×何様敬語

「至急」という言葉は、インパクトが強いので、クッション言葉で婉曲な表現にします。他に「お手数をおかけいたしますが」と相手の気持ちに配慮したクッション言葉を選びましょう。

折り返し電話が欲しいとき

OK

お戻りになりましたら、お電話をくださいますようお伝えいただけますか？

NG

戻って参りましたら、折り返し電話をいただけるようお伝え願えますか？

×ウチソト逆転敬語

「お伝え」「願います」など非常に丁寧な言葉を使っているのですが、「参る」は、謙譲語で相手の行動に用いるのは失礼になります。

相手からのファックスが届いていないとき

OK　お送りいただいたファックスがまだ届いていないのですが……。

NG　確かに送ってくださったんですよね。

×何様敬語

相手を疑うような言い方は、よくありません。丁寧に届いていないという現状を伝えて、続けて「もう一度お送りいただけますか」とお願いするのがよいでしょう。

約束の日に来る人数を確認するとき

OK　他にどなたかご一緒にいらっしゃいますか？

NG　お一人で伺われますか？

×ウチソト逆転敬語

まず、電話相手だけが来ると決めつけないことです。「伺う」は謙譲語です。「れる」をつけたからといって、尊敬語にはなりませんので、注意してください。

案件の結果を確かめるとき

OK　先日、ご相談させていただいた件でお電話いたしました。

NG　この前の件、どうなりましたか？

×何様敬語

重要な案件であればあるほど、言葉を選び慎重に確認しましょう。唐突に用件を切り出すのではなく、前置き表現が必要です。

渡した書類を見てくれたか尋ねるとき

OK

見積書はご確認いただけたでしょうか？

NG

見積書のほうをご拝読いただけましたでしょうか？

×ウチソト逆転敬語

「拝読」は謙譲語なので、高める相手には使用しません。「見てもらえましたか」は、「ご確認いただけたでしょうか」に変換します。

電話で理由と用件を簡単に伝えるとき

OK

先日お話しした案件で2、3点お伺いしたいことがあるのですが……。

NG

前、お話しした案件で少々お聞きしたいのですが……。

×何様敬語

まずは、聞きたい質問の数を伝え、その後、謙譲語で相手を立てます。「前」は「先日」と変換し、続けて「少々お時間よろしいですか？」とつけると、さらに丁寧になります。

打ち合わせのアポイントをとるとき

OK

ぜひ改めて、もう一度お目にかかりたいのですが……。

NG

近いうちに会えませんか？

×何様敬語

パーティーで談笑しても、ビジネスの話にはなりません。そんなときは、このフレーズが役立ちます。「会う」の謙譲語「お目にかかる」を使用します。

訪問したいことを伝えるとき

OK

ご都合のよいときに伺わせていただきたいのですが……。

NG

お暇なときにご訪問させていただきたいのですが……。

×何様敬語

ビジネス上、暇という言葉は、仕事がないという意味にとられることがありますので、使用しないようにしましょう。謙譲語「伺う」を用います。

ものを受け取りに行くことを伝えるとき

OK

私がいただきに伺います。

NG

私がもらいに行きます。

×何様敬語

「もらう」の謙譲語「いただく」と、訪問するの謙譲語「伺う」を用いて、丁寧に伝えます。「私」を「わたくし」と発音するとより丁寧です。

相手と時刻を決めるとき

OK

何時頃がよろしいでしょうか？

NG

何時にしますか？

×何様敬語

ぶっきらぼうに相手に決めてもらうような聞き方をするのではなく、あくまでも相手の都合がいつがよいのかを伺う表現で、時刻を決めます。

約束の日のあいている時間が限られているとき

OK 3時にしていただけると大変助かります。

×NG 3時ならあいてますがいいですか?

×何様敬語

「大変助かる」という言い方は、相手を立てる言い方で、他に相手から二つ候補を挙げられたときなど、こちら側で決めた時刻に応じていただく場合に応用できます。

指定された日が都合悪いとき

OK 申しわけございません。あいにくその日ははずせない用がございまして……。

×NG その日はもう予定がいっぱいです。

×何様敬語

どうしても相手の時間に合わせられない場合は、まず合わせられないことを謝ってから都合が悪いことを伝えましょう。あまりにも直接的に「無理だ」と言わないようにします。

指定された日以外の候補日をお願いするとき

OK できましたら他の日にお願いできませんでしょうか?

×NG 他の日で都合のつく日はありませんか?

×何様敬語

無理に合わせて間際で、キャンセルなどすれば、とても失礼になります。無理な約束をせずに、他の日を選択していただく場合は、低姿勢でお願いしましょう。

直帰したいと伝えるとき

OK 本日は、このまま帰らせていただいてもよろしいでしょうか？

NG 今日は、もう遅いのでこのまま帰ります。

×何様敬語

自分の都合だけで、勝手に帰ることだけを伝えるのではなく、外出先の用が終わった連絡と併せて、このまま帰ってよいかの承諾を得る聞き方をします。

電車が遅延し遅刻をするとき

OK 申しわけありません。人身事故により電車が遅れていまして10分ほど遅れそうです。

NG 今、電車が遅れているので遅れます。

×何様敬語

まずはじめに遅れていることを謝ります。それから、どんな理由で、どのくらい遅れるかを伝えます。おおよその時間を伝えることで相手も安心します。

商談中の相手に前回の面会のお礼を言うとき

OK 先日はお忙しい中お時間をいただき、ありがとうございました。

NG この前はどうも。

×何様敬語

せっかく時間を割いてもらってよい商談ができたとしても、お礼の印象が悪ければ台無しです。時間をつくってもらったお礼をしっかり言うことで、好印象を与えます。

かけた番号が間違っていると気づいたとき

OK 失礼ですが、そちらは××ー××××ー××××のA社ではございませんか？

NG あっ、間違えました。

×何様敬語

間違い電話の相手が、自分の会社と取引のない相手でも「間違えました」だけで切るのは、大変失礼です。電話番号と社名を確認してから謝ります。無言で切ることは問題外です。

急ぎの用件で休日、自宅に電話をしたとき

OK お休みのところ恐れ入りますが、課長にお取り次ぎいただけますでしょうか？

NG すみません、課長いますか？

×何様敬語

就業時間外に電話をかけることは、なるべく避けます。やむを得ずかける場合は、上司の家族に対しても恐縮していることを伝え、丁寧に呼び出しをお願いします。

面識のない人に電話をしたとき

OK 田中様でいらっしゃいますか。突然のお電話で恐縮です。

NG 急に電話してすみません。田中さんですか？

×何様敬語

紹介でもなく、ネットや資料などから直接連絡を取るケースもあります。その際は、「失礼します」という気持ちを表し、用件は短くまとめて伝えましょう。

人からの紹介で電話をしたとき

OK
A社の宇野様にご紹介いただきました○○（自分の名前）と申します。

×NG
宇野さんに紹介してもらった者ですが……。

×何様敬語

まずは紹介してくれた人を伝え、そのあと、自分の紹介をします。尊敬語「ご……名詞」に謙譲語「いただく」を合わせた丁寧な言葉で、伝えましょう。

人を紹介してもらったお礼を言うとき

OK
先日はA社の佐野様をご紹介いただきましてありがとうございました。

×NG
この前は佐野さんを紹介してもらってよかったです。

×何様敬語

気のおけない仲間であれば、「紹介してもらって」でもよいでしょうが、ビジネスシーンでは謙譲語、尊敬語を駆使して、丁寧に話しましょう。

紹介された相手との商談が成立したとき

OK
さっそくご連絡しましたところ、おかげ様でお取引いただけることになりました。

×NG
さっそく連絡して取引できることになりました。

×何様敬語

報告だけで終わるのではなく、おかげ様でという感謝の気持ちを伝えましょう。さらに「ありがとうございました」と続けると、よりよいでしょう。

〈電話での会話〉

電話を受けるとき

受話器をとってからの第一声を発するとき

OK

はい、A会社の田中でございます。

×NG

もしもし、○○株式会社の田中です。

×何様敬語

社名と名前（会社によっては、社名だけでよい場合もあります）を丁寧語「ございます」を使用して伝えます。

相手が名前を言ったとき

OK

いつもお世話になっております。

×NG

お世話様です。

×何様敬語

「います」の謙譲語「おります」を使用した、この挨拶は定型文となっています。「お世話様」を目上の人、社外の人に使用するのは失礼にあたります。

相手が取引先のとき

OK いつもご注文をいただき、ありがとうございます。

NG いつも、どうも。

×何様敬語

販売や卸業をしているのであれば、このような感謝の気持ちを挨拶として使用したほうが、相手も快く会話ができるかもしれませんね。

相手が名乗らなかったとき

OK 失礼ですが、お名前を伺ってもよろしいでしょうか？

NG どなたですか？

×何様敬語

名乗らないというのは、何か事情があるのかもしれません。「失礼ですが」とクッション言葉を用いて丁寧に尋ねましょう。「どなたですか？」は、使用禁止です。

相手が名前しか言わなかったとき

OK 恐れ入りますが、どちらの○○様でしょうか？

NG あのう…すみませんが……。

×何様敬語

高い役職についてる人の中に名前しか言わない人もいます。その際は、「恐れ入りますが」を用いて聞きましょう。すぐに悪質な電話セールスだと勘違いしてはいけません。

相手の言葉が聞き取れなかったとき

OK 恐れ入りますが、もう一度お聞かせいただけませんか？

NG ちょっと聞こえなかったので、もう一回言ってください。

×何様敬語

「恐れ入りますが」というクッション言葉を使用し、「いただく」と謙譲語で、相手に敬意を払います。もう一回という指示は、相手を不快にさせかねません。丁寧にお願いしてみましょう。

名前の漢字がわからなかったとき

OK 大変申しわけございませんが、他にどのような読み方がございますか？

NG はぁ……？

×何様敬語

わかったふりをするのが、一番よくありません。いくつかの読み方を聞いておけば、あとで調べたり、周りの人に聞くこともできます。

取り次ぐ担当部署がわからないとき

OK 担当者に確認してみますので、お待ちください。

NG 少々お待ちください。

×何様敬語

どこの部署が担当しているのか、わからないときは、相手に待ってもらう理由を簡潔に述べ、一度保留にします。その上で、上司に確認しましょう。

会議中の上司に電話がかかってきたとき

OK
恐れ入りますが、宇野はただいま会議中でございます。

NG
宇野は今、電話に出られません。

×何様敬語

会議中だという事実は、そのまま伝えます。どのような会議なのか、誰としているのかなど、具体的な内容は聞かれても伝えないようにしましょう。

会議が何時に終わるかと聞かれたとき

OK
恐れ入りますが、少々時間がかかるかと存じます。

NG
よくわかりません。

×何様敬語

基本的に何時に終わるか聞いておくのが、ビジネスルールですが、聞いていない場合も、「知りません」というような表現は避けましょう。

会議中で取り次げないとき

OK
すみません、ただ今会議中ですので、お急ぎのご伝言があれば承ります。

NG
すみません、今取り次げないのですが……。

×何様敬語

「会議中ですので」のあとに、「お取り次ぎできません」という言葉が省略されています。すぐに「伝言」という対応を提案しましょう。

上司が留守のとき

OK
申し訳ございません。佐野は、ただ今外出しております。

NG
佐野部長は、今出かけていらっしゃいます。

×ウチソト逆転敬語

社外の人に対して話すときは、自分の上司の行動に尊敬語は、使用しません。「しております」は、電話相手に対しての敬語です。

上司が出張のとき

OK
申しわけございません。部長は本日出張に出ております。

NG
部長は今日から京都に出張に行っています。

×何様敬語

相手から尋ねられてもいないのに、出張先まで伝える必要はありません。ビジネス上、流してはいけない情報もあるので注意しましょう。

戻り時間を伝えるとき

OK
山本は17時に戻る予定でございます。

NG
山本は17時に戻ります。

×何様敬語

ホワイトボードに戻り時間が書かれていたとしても、なにかの都合で遅れることも考えられるので、断定しないようにしましょう。「予定」「頃」などを用います。

戻り時間がわからないとき

OK 大変申しわけございませんが、帰社時間はわかりかねます。

NG わからないのですが……。

×何様敬語

続けて「よろしければ、こちらからお電話を差し上げるように申し伝えますが……」と添えるとよいでしょう。同じ会社の一員として「わからない」で、終わってはいけません。

取り次ぐ上司が他の電話に出ているとき

OK ○○は別の電話に出ております。

NG ○○さんは、今電話中です。

×何様敬語

「電話中です」は、ただその事実を丁寧語で伝えているだけです。手の離せない別の仕事に取りかかっているというニュアンスを込めましょう。

重要な案件だけど上司不在のとき

OK 差し支えなければ、ご用件を承ります。

NG 用件を教えてください。

×何様敬語

違う部署の案件だったり、全くあなたが関与できない内容でしたら無理ですが、そうでなく、相手が困っている様子が感じられたら、用件を聞くこともよいでしょう。

担当者が休みのとき

OK 申しわけありませんが、本日は休みをとっております。

×NG 本日はお休みを頂戴しております。

×ムダ敬語

よくある間違いですが、担当者は電話の相手から休みをいただいているわけではありませんので「とっております」が◎。また、「休み」に「お」をつける必要はありません。

担当者が長期間休むとき

OK 申しわけございません。あいにく渡辺は長期の休みをとっております。

×NG 渡辺は……(詳しい内容)のため、今週いっぱい休みです。

×何様敬語

個人情報を伝えてはいけませんが、社外対応をする上で、代わりの誰かを担当につけることも必要です。その際は、「私が○○（自分の名前）の代わりに承ります」と相手に伝えるとよいでしょう。

不在確認に時間がかかったとき

OK 大変お待たせして申しわけありません。担当の佐野は不在でして……。

×NG 探しましたが、不在でした。

×何様敬語

やはり、どんなときでも相手を待たせたら、一言お詫びの言葉を添えましょう。このような些細（ささい）な対応で会社のイメージは決まってきます。

担当者が出張中のとき

OK

佐野は、5日には出社する予定でございます。

NG

今、出張中で会社には出ていません。

×何様敬語

出張の際は、いつ出社するのかを伝えましょう。その日程では、間に合わないような案件であれば、担当者に折り返し連絡させるなどの対応をとりましょう。

担当者に取り次ぐとき

OK

はい。○○（取り次ぐ担当者名）でございますね。ただ今代わりますので少々お待ちください。

NG

はい、ちょっと待ってください。

×何様敬語

そのまま取り次いでも、無礼ということではありませんが、より丁寧に対応するときは、相手が指名した担当者の名前を復唱します。

担当部署が違うとき

OK

申しわけありません。その件は……（部署名）の担当でございますので電話番号を申し上げます。

NG

それはここではないので、……にかけ直してください。

×何様敬語

内線でつなげらるようであれば、つなぎますが、他の支店や支社であれば、連絡先を伝えて、「大変お手数ですが、おかけ直しいただけますでしょうか？」とお願いしましょう。

担当者が出たが
電話で話す時間がないとき

OK

改めてお電話を差し上げたいのですが、いつ頃がよろしいでしょうか？

×NG

何時にかけ直しましょうか？

×何様敬語

「改めて」とは、再び新しくおこなうという意味で、「新たな気持ちできちんとお話をしましょう」という気持ちを伝えます。電話をかけ直す場合は、まず、時間帯を聞きましょう。

電話を保留にするとき

OK

かしこまりました。それではお調べしますので、このまま少々お待ちください。

×NG

調べるんで、ちょっと待ってください。

×何様敬語

どのくらい待たせるのか時間がわかれば、伝えます。予定より時間がかかるようだと、途中で状況を伝えるのもよい対応です。

保留をしたまま
待たせてしまったとき

OK

大変お待たせして申しわけございません。

×NG

あ、もしもし。この件は……。

×何様敬語

待っていただいたことに一言、謝罪を入れ、本題に入ります。目安として60秒以上待たせるようであれば、折り返し電話をかけるようにしたほうがよいでしょう。

電話を切るとき

OK

はい。かしこまりました。私、(自分の名前)が承りました。失礼いたします。

×NG

では、そういうことで……。

×何様敬語

「かしこまる」とは、「目上の人に謹んだ態度をとる」という意味があります。電話を切る間際が、印象を残す最高の瞬間ですから、丁寧な言葉を用いましょう。

電話を別の上司に取り次ぐとき

OK

部長、お疲れ様でございます。課長は……をされていますがお急ぎでしょうか？

×NG

今、……中なんで、こちらからかけさせます。

×何様敬語

あなたにとっては、二人とも上司です。あなたは課長に「……させる」という立場ではありません。二人の行為を表わすときは、尊敬語を使いましょう。

課長の電話を部長にとり次ぐとき

OK

部長、課長からお電話です。

×NG

部長、課長からお電話をいただいています。

×勘違い敬語

課長を高めすぎず、社内の会話では、上下関係に配慮します。「お電話」に丁寧語の「です」を用いています。これくらいの敬語のほうがよいでしょう。

不在報告の途中に担当者が戻ってきたとき

OK ただ今戻って参りましたので、少々お待ちください。

NG あっ、ちょっとお待ちください。

×何様敬語

不在だと伝えているときに、戻ってくると「あっ」と思う気持ちはわかりますが、言葉に出してはいけません。あくまで冷静に敬語を使って、伝えましょう。

取り次ぐかどうか迷ったとき

OK 少々お待ちください。

NG 担当者に確認してみますので、お待ちください。

×ムダ敬語

取り次げない場合、この時点で担当者に取り次がない理由を説明しなければなりません。基本的に必要なこと以外の社内事情は、伝えないようにしましょう。

上司あての電話に用件を聞くために出るとき

OK 私、営業部の渡辺と申します。部長の佐野が不在のため、私がご用件をお聞きいたします。

NG 部下の渡辺ですが、用件はなんでしょうか。

×何様敬語

何度も同じ人から電話がかかってきたり、どうしても対応しなければならないときは、失礼のないように、自分の名前を伝え、用件を聞きます。

折り返しの連絡を求められたとき

NG お戻りになりましたら、ご連絡するように申し上げます。

OK **戻りましたら、お電話を差し上げるよう申し伝えます。**

×ウチソト逆転敬語

この場合の尊敬語「お戻りになる」と謙譲語「申し上げる」は、社内の担当者を高めるために使われています。社外の人には、社内の上司は身内扱いです。

折り返し連絡をするとき

NG 折り返し、電話させます。

OK **折り返し、こちらからお電話いたしましょうか？**

×何様敬語

「お電話いたしましょうか」とは、電話相手を高めているので問題ありません。上司も身内だからといって目下ではありません。「させる」という言葉は、使用しないようにしましょう。

折り返しの連絡先を聞くとき

NG 電話番号を教えてください。

OK **念のために、お電話番号を教えていただけますか？**

×何様敬語

担当者が連絡先を知っているだろうと思っても、電話番号は聞いておきましょう。こちらの電話番号も知らないのかと思われないように「念のために」という一言を添えます。

折り返し連絡をするとき

OK ただいま手が離せませんので、のちほどこちらからお電話いたします。

NG 今忙しいので、あとで電話します。

×何様敬語

どうしても手が離せないときがあると思いますが、つっけんどんな対応はいけません。こちらの都合で、相手に手間をとらせるのですから、丁寧な言葉を使用しましょう。

伝言を受けたとき

OK かしこまりました。○○へのご伝言でございますね。私○○(自分の名前)が承りました。

NG わかりました。申し上げておきます。

×何様敬語

「了解しました」ではなく、「かしこまりました」を用いて、相手からの伝言内容を復唱します。最後に自分の名前を伝えると、相手は安心するでしょう。

伝言を受けるとき

OK よろしければ、ご伝言を承ります。

NG 担当者になにか伝えますか。

×何様敬語

尊敬語「ご伝言」と、「受ける」の謙譲語「承る」を用いたシンプルで丁寧な言葉です。「伝えますか」と言うよりも「承ります」と言われたほうが、相手が伝えやすいと思います。

伝言を聞いたとき

OK　**かしこまりました。申し伝えます。**

NG　了解しました。伝えます。

×何様敬語

理解したことを伝えるために「かしこまりました」「承知しました」と丁寧な言い方を用います。「了解しました」は用いません。

伝言を受け、電話を切るとき

OK　**私、山本が承りました。失礼いたします。**

NG　それでは。

×何様敬語

相手から「お名前は？」と聞かれる前に自分から名乗ることを忘れないようにしましょう。そうすることで、しっかりした会社という印象を与えます。

電話番号や住所を確認するとき

OK　**復唱させていただきます。「……」でよろしいでしょうか？**

NG　確認します。「○○○○」でいいですか。

×何様敬語

復唱とは、相手が言った言葉と同じ言葉を繰り返して読むことです。連絡先や名前を間違えてしまうと連絡がとれなくなるかもしれませんので、きちんと確かめましょう。

取り次いでもらった電話に出るとき

OK
お電話代わりました。……(自分の名前)でございます。

NG
はい、……(自分の名前)です。

×何様敬語

声を聞けば、「電話の相手が代わったことはわかるだろう」と思うのではなく、話者が代わったことをきちんと伝えましょう。

電話を取り次いでもらうまでに相手を待たせたとき

OK
大変お待たせしました。……(自分の名前)でございます。

NG
はい、……(自分の名前)です。

×何様敬語

手が離せない仕事をしているとき、どうしても電話口に出られないことがあるでしょう。待たせてしまったら一言添えて、本題に入りましょう。

保留ののち切れたとき

OK
失礼いたしました。先程お電話したA社の……(自分の名前)です。

NG
電話が切れました。

×何様敬語

突然、電話が切れてしまったら、こちらからかけ直すようにします。相手を責める言葉は言わず、自分のせいでなくても「失礼いたしました」と一言添えます。

担当者が電話に出られず折り返すとき

OK

申し訳ありませんが、ただいま席をはずしております。念のためお電話番号を伺ってもよろしいですか？

NG

今、席にいません。一応番号を教えてくれますか？

×何様敬語

まずはじめに謝罪の言葉を添えて、席をはずしている現状を伝えます。何度も取引している相手だとしても、必ず連絡先は聞きましょう。

他の電話に出ているとき

OK

申しわけございません。田中は別の電話に出ております。

NG

すみません、田中は電話中です。

×何様敬語

ＯＫ例は、「あなたと同じように別の方が先に連絡をしてきたので、その方と話している」という意味を含み、お客様によっての優先順位はないことを示しています。

担当者が商談中のとき

OK

あいにく会議に出ておりますが、あと1時間ほどで終わる予定でございます。

NG

渡辺は西田様と商談中です。

×何様敬語

電話の主は、商談相手と競合している会社の人かもしれません。社名や人の名前などは伝えてはいけません。終わり時間を伝えたあと、「いかがいたしましょうか？」と伺ってみましょう。

上司の身内から連絡があったとき

OK 課長はただいまお出かけになっています。

NG 田中はただ今外出しております。

×ウチソト逆転敬語

取引先から自分の上司に連絡があった場合は、上司の言動に尊敬語は用いません。しかし、上司の身内から連絡があった場合は、社内で用いるのと同じく敬語を使用します。

受話器をとるのに時間がかかってしまったとき

OK お待たせして申しわけございません。A社でございます。

NG はい、A社です。

×何様敬語

会社に電話をしてくる人は、全員お客様です。5回以上、呼び出し音が鳴ったときは、必ず待たせたことへの謝罪を一言添えましょう。相手の受ける印象が随分違うはずです。

間違い電話を受けたとき1

OK 恐れ入ります、こちらはA社でございます。お間違えではないでしょうか？

NG あの～間違っていませんか？

×何様敬語

「あれっ？」「えっ？」などと間違い電話に、こちらが困惑してはいけません。クッション言葉を使い、相手に与えるイメージを和らげながら聞いてみましょう。

間違い電話を受けたとき2

OK

こちらはA社でございますが、何番へおかけでしょうか？

NG

違いますよ。

×何様敬語

違うことは、明白であってもストレートに否定してはいけません。相手自身にかけた番号を確認し、間違いに気づいてもらうように促しましょう。

セールス電話を撃退したいとき

OK

残念ながら、私どもではお引き受けしかねます。

NG

うちはセールスお断りです。仕事の邪魔ですから切りますよ。

×何様敬語

どんなに心の中では思っていても「邪魔」という言葉は使用してはいけません。かどを立てないよう「できない」の婉曲表現になる「しかねる」を用いましょう。

取り次ぐ必要がないとき

OK

資料をお送りいただければ、改めてこちらからご連絡させていただきます。

NG

結構です。

×何様敬語

不特定多数の会社に手当たりしだい連絡しているセールス会社は、手間を嫌がります。相手に手間をかけさせ、「こちらから連絡する」と主導権を握れば、問題なく解決することでしょう。

クレームを受けたとき1

OK 貴重なご意見をいただきありがとうございます。

NG そう言われても……。

×何様敬語

クレームを「貴重な改善情報」と解釈することで、成長した会社はいくつもあります。ただの理不尽なクレームでなければ、感謝の意を表しましょう。

クレームを受けたとき2

OK 詳しくお聞かせいただけますか？

NG はぁ……。

×何様敬語

「クレーム」＝「言いがかり」ではありません。まずは、どのような内容なのか、丁寧な言葉を用いて、積極的に聞きましょう。対応はそれからです。

こちらにミスがあったとき

OK 誠に申しわけございません。

NG すみません。

×何様敬語

「すみません」は、B to Cはもちろん、B to Bでも謝罪として用いられる言葉ではありません。誠心誠意、謝罪の言葉を述べましょう。

クレーム対応で原因がわからないとき

OK 確認の上、○分後にはご連絡させていただきます。

NG 確認してみます。

×何様敬語

原因不明のとき、いい加減なことを言ってしまうと、かえって問題が大きくなることがあります。返答する時間をできるだけ明確に伝えることで、相手は安心感を持つのです。

クレーム対応で担当者不在のとき

OK 担当の者に確認の上、ご連絡させていただきます。

NG 担当者がいないので、のちほどおかけください。

×何様敬語

電話をかけて、かけ直しを言われることは、相手の印象をさらに悪くするだけです。自分がわからないことでも担当者から連絡をすることをしっかり伝えましょう。

クレーム対応で今後の対策を話し合うとき

OK 今後、いかがいたしましょうか？

NG どうなさいますか？

×勘違い敬語

相手の行為は、「なさる」と表現し、自分の行動は「いたす」と表現します。相手がどうするかを尋ねるのではなく、自分がどうしたらよいかを相手に尋ねます。

しつこいクレーマーの要望がわからないとき

OK
いかがいたしましょうか？

NG
なにがしたいんですか？

×何様敬語

「なにがしたいのか」「なにをしてもらいたいのか」相手の意図がわからないときがありますが、冷静にきちんとした言葉遣いで対応しましょう。

クレーマーができないことを言ってきたとき

OK
そちらはいたしかねます。

NG
ちょっと、難しいですね。

×何様敬語

相手は不満があり、電話をしてきています。「難しい」とあいまいな言葉は使用せず、できることか、できないことかをはっきりと伝えましょう。

クレーム対応中、相手が勘違いに気づき、謝罪してきたとき

OK
ご連絡いただき、誠にありがとうございました。

NG
わかっていただけたら、いいですよ。

×何様敬語

誰でも間違えることはあります。相手に恥をかかせないよう、そして、謝罪に関しては、直接触れないようにしましょう。会社としての好印象を残すように、感謝の言葉で終えます。

クレームの問題が解決して電話を切るとき

OK

貴重なご意見をいただき、ありがとうございます。失礼いたします。

NG

わざわざお電話ありがとうございました。

×何様敬語

「わざわざ」は、「しなくてもよいことをことさらするさま」という意味を含みますので、クレーム対応のときは、用いないほうが無難です。

取り次ぐ相手ではないとき

OK

せっかくですが、お断りいたします。

NG

結構です。

×何様敬語

「もう間に合っているので、いらない」という否定の意味で、「結構」と使用しても、恣意的にOKだと解釈する悪質セールスマンがいるので注意しましょう。

しつこいセールスの電話を切るとき

OK

恐れ入ります、他の電話が入ったようですので。

NG

しつこいので、もう切ります。

×何様敬語

はっきりものを言わなければならないときがありますが、はっきり言い過ぎて、逆恨みされるのも問題です。あくまで真摯な対応を心がけましょう。

悪質セールスの電話を切るとき

NG 二度とかけてくるな！

OK 今後のお電話はご遠慮申し上げます。

×何様敬語

キレてしまっては、社会人として失格です。敬語には、相手との距離感を調節する役割もあります。こんなときこそ、最上級の敬語で相手を遠ざけましょう。

担当者が退職したとき

NG 杉原はすでに辞めましたが……。

OK 申し訳ございません。杉原は、退職いたしました。

×何様敬語

取引先や関連業者などに担当者の退職した情報がいっていなかった場合、身内としての対応をしましょう。決して他人事のようなもの言いはしないようにしましょう。

あとがき

言葉を変えれば自分が変わる、周りが変わる

最後までお読みくださった方はもうお気づきのことでしょう。言葉を丁寧に伝えるためにはいくつかのコツがあります。本文でお伝えしたことをここでおさらいしておきます。

1　クッション言葉を使う……クッション言葉とは会話のクッション役をする言葉です。依頼や断りなど、相手に負担をかけることを柔らかく伝える役割をします。「恐れ入りますが」「お手数をおかけいたしますが」「ご面倒でも」など、たくさんの言葉があります。

2　言葉の終わりを丁寧に言う……言葉の終わりは、体操競技でいえば着地の部分です。着地がきれいに決まれば、美しい余韻を残すことができます。相手に依頼をする際、現在は、「○○してください」よりも「○○してくださいますか？」「○○していただけますか？」という表現が好まれています。依頼や断りであれば、クッション言葉＋内容＋丁寧な言葉という順番にします。

３　長めに言う……言葉は長く言えば長く言うほど丁寧になります。たとえば、「これでいい？」→「これでいいですか？」→「こちらでよろしいでしょうか？」という順番に丁寧になります。私が行っている調査では、ビジネスシーンにおいては、「よろしいでしょうか？」という言葉が好まれて使われていることがわかっています。

以上、３つのコツをご紹介しましたが、まずＯＫ例を声に出して何度か練習し、言葉の引き出しに入れてみましょう。そして、「丁寧に伝える方法を常に考える」ことを心がけていると、言語表現が磨かれるスピードが上がります。丁寧に伝えよう、周りに好感を与えようという思いの強さが成長の速さとなります。

言葉遣いに自信がついたら人とのコミュニケーションも楽しくなり、周りに与える印象も変化していきます。すると、階段を一段上がったご自身にふさわしい質の高いコミュニケーションが繰り広げられるようになり、より自信がつくという好循環が生まれます。自信は人を輝かせます。自分の言葉によって毎日をますます輝かせていきましょう。

ＮＨＫ学園講師　山岸　弘子

編集協力／桝本誠二（株式会社クリエイターズアイ）
装丁・デザイン／吹田ちひろ
DTP／アイ・ハブ
校正／東京出版サービスセンター

山岸 弘子

Hiroko Yamagishi

NHK学園講師。TVクイズ番組の国語問題監修や全日空（ANA）社内教育に携わる。ビジネスパーソンだけではなくあらゆる人に、状況に応じた美しい敬語を身につけてもらいたいという思いから、商工会議所、歯科医師会、大学病院、大学などで講演や指導を行っている。

主な著作・監修に、『あたりまえだけどなかなかできない　敬語のルール』（明日香出版社）、『一目置かれる大和言葉の言いまわし』（宝島社）、『すぐに使えて、きちんと伝わる敬語サクッとノート』（永岡書店）、『一流の人が実践している日本語の磨き方』（KADOKAWA／角川学芸出版）、『歯科医院での話し方 80の法則』（クインテッセンス出版）などがある。

ムリなく話せる

好かれる敬語の使い方

2016年6月5日　初版第一刷発行

監修	山岸　弘子
発行者	栗原　武夫
発行所	KKベストセラーズ 〒170-8457 東京都豊島区南大塚2-29-7 電話03-5976-9121（代表）
印刷所	近代美術
製本所	積信堂

© Hiroko Yamagishi 2016

ISBN 978-4-584-13719-2　C0030

定価はカバーに表示してあります。
乱丁・落丁本がございましたらお取替えいたします。
本書の内容の一部あるいは全部を無断で複製模写（コピー）することは、
法律で認められた場合を除き、著作権および出版権の侵害になりますので、
その場合はあらかじめ小社あてに許諾を求めてください。